l'ABCdaire du cognac

Christian Pessey

Flammarion

S O M M

Le cognac raconté

Annexes

L'abécédaire

Il se compose des notices suivantes, classées par ordre alphabétique.
À chacune d'elles est associée une couleur qui indique sa nature :

La terre et la vigne

Bois
Borderies
Cépages
Champagne
Charente
Chêne
Climat
Cognac (ville)
Colombard
Crus
Eau
Environnement
Folle blanche
Grande Champagne
Jarnac
Petite Champagne
Phylloxéra
Ugni blanc
Vinification

Des métiers et des hommes

Assemblage
BNIC
Calligraphie
Caractère
Chai
Chauffe
Coupes
Culture
Distillation
Esprit de cognac
Gabare
Inventaire
Maître de chai
Métiers du cognac
Napoléon
Noblesse et clergé
Réduction
Repasse
Thérapie
Tonnellerie
Vieillissement

Les produits

Acquit
Alambic
Arômes
Bouteille
Brouillis
Compte d'âge
Consommation
Cuisine
Cuivre
Degré
Dégustation
Fine
Manche
Menu charentais
Millésimes
Part des anges
Pineau
Rancio
Reconversion
Réglementation
Robe
Sécurité
Stocks
Verre

Au fil de ces notices, et grâce aux renvois signalés par les astérisques, le lecteur voyage comme il lui plaît dans l'abécédaire.

L'église de Segonzac, troisième patrie du cognac.

LE COGNAC RACONTÉ

Celtes, Gaulois et Francs

C'est au IIIe siècle que les Santons, peuplade celte, plantent des vignes sur le sol fertile des territoires qu'ils occupent et auxquels ils laisseront leur nom : la Saintonge.

Dolmen de Saint-Brice.

Colonisée par les Romains, qui y installent leur capitale – Saintes – sous Auguste (on en attribue même la paternité au célèbre Agrippa), la région produit du vin dès le IIIe siècle de notre ère, l'empereur Probus ayant étendu à l'ensemble de la Gaule le droit de planter des vignes et de produire du vin. Dotée d'un bon réseau de voies de communication la reliant au reste de la Gaule (dont la voie romaine Saintes-Lyon ou, plus exactement, pour reprendre les inscriptions portées sur les bornes de l'époque : *Mediolanum Santonum-Lugdunum*), la province connaît un bel essor économique et culturel. Elle développe les contacts avec le reste de la Gaule et, aussi avec Rome où, bien sûr, mène la route qui part de Saintes. La grande voie longe la Charente, passe par Angoulême (l'antique *Icalisma* des Santons, devenue *Engolisma* sous les Romains), traverse le Massif central et plonge vers la capitale des Gaules. Mais bientôt, les chemins ne sont pas fréquentés que par de paisibles marchands et des légionnaires adoucis par un climat accueillant. Les invasions succèdent aux invasions et la Saintonge comme l'Angoumois et l'Aunis voisins sont sur la route des Barbares. Deux événements vont y marquer l'histoire : en 507 Clovis repousse les Wisigoths à Vouillé et en 732 Charles Martel arrête les Arabes à Poitiers. Deux dates dont seuls ou presque se souviennent encore ceux qui ont en poche leur certificat d'études – une denrée devenue aussi rare que le meilleur cognac…

Arc de Triomphe de Germanicus, à Saintes.

La contrée est bien située, jouit d'un climat d'une grande douceur et bénéficie en plus de facilités fluviales intéressantes pour atteindre la mer par la Charente*(alors navigable). Charlemagne encourage la région à développer cultures et vignes. La côte, aussi productrice de « l'or blanc » des marais salants, est le point de départ

de routes du sel vers de nombreuses destinations. Les pays du Nord viennent par flottes entières chercher ce produit que leurs latitudes les empêchent de récolter et dont ils ont tant besoin pour conserver le poisson. C'est pour eux l'occasion d'ajouter aux cargaisons quelques tonneaux de vin, afin de prolonger chez eux le plaisir qu'ils ont eu à déguster ce breuvage inconnu qu'ils ont découvert ici. C'est encore une étape sur le chemin de Saint-Jacques pour les pèlerins de Compostelle, la foi suivant les routes et plantant çà et là, de préférence aux grands carrefours, des églises ou des abbayes. Alors que Guillaume, le duc normand, se prépare à envahir l'Angleterre en 1066 et justifier ainsi son nom de Conquérant, les viticulteurs charentais commercent depuis longtemps déjà avec les Vikings danois, les Écossais ou les Maures andalous.

Statue sur le chemin de Compostelle. Halte de Pons.

L'IMPLANTATION DU « GENÊT »

En 1120, sous Guillaume X, duc d'Aquitaine, comte de Poitiers et père de la célèbre Aliénor, c'est le port de La Rochelle qui se développe en tant que ville de commerce alors que Bordeaux n'est que la capitale administrative du duché. Le mariage de la belle Aliénor, d'abord en 1137 avec Louis VII, roi de France ouvre Paris aux vins des Charentes*. Mais, répudiée en 1152, elle épouse la même année, le comte d'Anjou, Henri II Plantagenêt (à cause du genêt porté sur le casque), futur roi d'Angleterre, et offre ce pays au négoce charentais. Ayant succédé à son frère Richard Ier Cœur de Lion, le roi Jean-sans-Terre

Abbaye de Châtres.

accorde à la ville de Cognac* des privilèges politiques et économiques dont celui de la dénomination, au détriment de Jarnac* (n'était-ce pas déjà un mauvais coup) de ce qui n'est encore qu'un vin blanc assez ordinaire, mais ne tardera pas à faire parler de lui sous une forme plus… distillée.

Ruines du château de Bouteville.

L'année 1224 fait date pour Bordeaux. La Gironde devient frontière car Angoumois, Saintonge et Aunis avec La Rochelle, Cognac* et Angoulême repassent à la France : le genêt britannique pousse mal sur ces terres. De facto, la capitale girondine se voit ouvrir le marché anglais alors que les vins charentais sont présentés à la cour de France. Heurs puis malheurs, et Guerre de Cent Ans oblige, les vignobles devenus frontaliers aux belligérants sont régulièrement dévastés par les « Anglois » alors que Bordeaux s'enrichit grâce à un commerce maritime international florissant. Sur les terres françaises, la concurrence est vive et d'autres vignobles, plus proches de la capitale – ceux de Loire, de Bourgogne, d'Aÿ en Champagne et même d'Île-de-France (Suresnes a alors des vignes réputées) – emportent les marchés, cette plus grande proximité leur assurant un meilleur rapport qualité prix. Un siècle durant, c'est l'oubli. Le vignoble est à l'abandon et, là où la terre est fertile (Petite* et Grande Champagne*) on cultive des céréales. Ailleurs, c'est la forêt (origine des appellations Borderies* et Bois*). Les vignes ne survivent que pour la consommation locale et les besoins du culte.

La Rochelle, entrée du port.

Alambic d'une exploitation charentaise.

En 1475 la trêve de Picquigny signée entre Louis XI et Édouard IV marque la fin de la Guerre de Cent Ans. Année riche d'espoir puisqu'au même moment, les vinaigriers des bords de la Charente* obtiennent du roi de France le droit de « brûler » leurs excédents de vin, officialisant sans doute une pratique fort ancienne (à ne pas confondre avec la fabrication du marc) qui, jusqu'alors, devait se passer d'autorisation. Bien leur en prit assurément, même s'ils ne laissèrent guère de trace dans l'histoire du cognac : ils pérennisèrent en l'officialisant une méthode qui, de production secondaire, allait quelques siècles plus tard, l'emporter sur celle du vin.
Après les guerres de Religion (1562-1598), closes par l'Édit de Nantes, du « bon roi Henri », les privilèges accordés à La Rochelle, capitale huguenote ne sont guère du goût de Louis XIII. Richelieu y met fin en 1628, au terme d'un siège de plus de 400 jours. La chasse aux Protestants est ouverte et l'attitude favorable et l'asile qu'offrent souvent les Charentais aux fugitifs traqués pour leur foi, permettent aux produits de la région de retrouver le chemin des grandes capitales commerciales des pays fidèles à la Réforme. Le commerce du vin reprend avec Londres, Amsterdam, Copenhague et même Hambourg et le vignoble que l'on replante à tout va, réinvestit le pays, reléguant les céréales au rang de culture d'appoint. Tout Charentais digne de ce nom se doit désormais de faire du vin.

Boires et déboires

Beaucoup devient très vite trop. Si les vins de qualité des Petite* et Grande Champagne* trouvent encore des débouchés à l'exportation, ils sont surchargés de taxes pour parvenir jusqu'aux ports côtiers. L'exaspération des vignerons de l'Angoumois devient telle qu'elle aboutit à ce que l'histoire a retenu sous le nom de « révolte des croquants » (1636). Quant aux petits vins d'Aunis, ne voyageant pas bien, ils ont le plus grand mal à se vendre, même si, du fait de leur moindre éloignement des ports d'embarquement, ils sont moins taxés pour parvenir à leurs destinataires. Peut-être n'étaient-ils plus de qualité suffisante ou les consommateurs de l'époque devenaient-ils plus exigeants. La mévente générale des vins des Charentes*, quelles qu'en soient les causes, va avoir une conséquence primordiale sur la région et son économie, conséquence que personne, à l'époque, n'oserait soupçonner. Ne parvenant plus à vendre le vin qu'ils ont récolté (ou certains ne pouvant plus qu'en faire du vinaigre), les Charentais vont le brûler, comme les vinaigriers du XVe siècle, c'est-à-dire le distiller pour en faire de l'eau-de-vie. D'autres régions en produisent déjà, comme Colmar qui avait un inspecteur de la distillation* en 1506 ! Ici, ce ne sera au départ qu'un pis-aller, de quoi attendre, se disait-on sans doute, des jours meilleurs, au risque de dégarnir le pays de son couvert forestier. Car pour brûler, il faut chauffer le vin bien au-delà de la température d'ébullition de l'alcool (78,3 °C) ; d'où un emploi massif du bois.

Les vapeurs du salut

Du temps des conflits religieux, les Hollandais, grands navigateurs, embarquaient à leur bord une sorte d'alcool de grain. Mais quelques mauvaises récoltes leur firent rechercher un substitut. Ils importèrent donc à bas prix, le petit vin d'Aunis, qui voyageait si mal et en firent du *brandwijn* (vin brûlé), le brandevin. Puis les commerçants bataves, en raison des coûts du transport, préférèrent distiller le vin sur place pour embarquer de l'eau-de-vie dont le volume était de six à huit fois moins important.
Les Charentais qui, nous l'avons vu, s'étaient mis à distiller eux aussi, amélioré-

Le *Spirit of Hennessy*, en route vers l'Orient.

rent les premiers alambics* en perfectionnant le système de la repasse, c'est-à-dire de la double distillation*. Du même coup, la qualité de l'alcool fut améliorée et l'on découvrit qu'il pouvait fort bien être consommé pur mais surtout que, conservé en fût de chêne* pendant plusieurs années, il devenait un pur nectar. Les Anglais, dès 1678, s'en délecteront sous le nom de brandy, puis de cognac, bien différent des autres alcools et eaux-de-vie de Bordeaux, de Nantes ou même de La Rochelle car soumis, déjà, à la plupart des critères rigoureux qui devaient asseoir sa qualité et en faire ce produit unique que nous connaissons aujourd'hui.

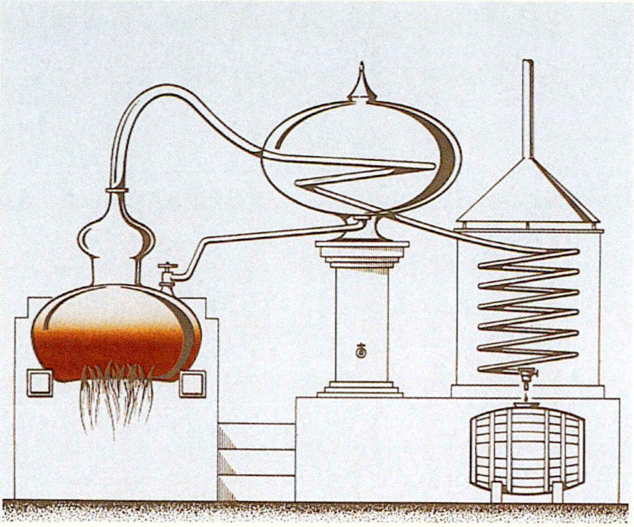

Schéma d'un alambic charentais.

La mise au point progressive du cognac ne signifie pas que l'on ignorait tout de la distillation*. Dans son *Livre du vin*, le médecin catalan Villanova, (Arnaud de Villeneuve) professeur à l'université de Montpellier jusqu'en 1311, parle de l'*aqua vitae* comme d'un « médicament universel ». Il tenait, dit-on, les secrets de la distillation* de ses études dans l'Espagne mauresque et avait décrit en France l'ancêtre de l'alambic* (de l'arabe : *al-ambiq*). Nous possédons des dessins plus anciens encore, d'appareils sommaires de distillation*.

Louis XIV ne voulant pas laisser le monopole du commerce maritime aux Hollandais, nos ennemis d'alors, décide de la construction d'une flotte, aménage l'arsenal de Rochefort et sa célèbre corderie à l'embouchure de la Charente*. Il fait également planter les forêts de chêne du Tronçais et du Limousin, pendant que les viticulteurs charentais abattent les leurs et les remplacent par la vigne comme autrefois, mais pour produire le fameux cognac. C'est l'origine des Bois*. Les

Champagne*, grande et petite, se couvrent à nouveau de vignobles. Si la production retrouve le plein essor, le commerce, à vocation européenne, est entravé par les conflits qui opposent les nations. Pour survivre, on doit souvent devenir un hors-la-loi. L'alcool et la contrebande ont souvent uni leur sort. À terre, des chevaux rapides, attelés à des carrioles légères, se jouent des gabelous, des obstacles et de la nuit pendant qu'en mer, de petites embarcations, montées avec audace et précision passent sous le nez des garde-côtes.

Forêt de chênes qui serviront à la fabrication des fûts.

L'île de Jersey, face à la presqu'île normande du Cotentin, est alors (ou déjà...) une plaque tournante des trafics. L'un de ses habitants, Jean Martell, vient à Cognac en 1715 et y fonde une maison de commerce où le cognac n'est d'abord que l'un des éléments du négoce avant d'en devenir le principal support. Quelques années plus tard, en 1765, le capitaine irlandais Richard Hennessy (après quinze ans passés au service de Louis XV, à guerroyer dans toute l'Europe autrement qu'en dentelles), crée lui aussi son propre comptoir à Cognac, acte fondateur de la maison qui porte encore aujourd'hui son nom. Soumis aux aléas des tribulations franco-anglaises, Richard et son fils James ont l'idée lumineuse d'établir une véritable triangulaire entre le port de Cognac, le port neutre d'Ostende aux Pays-Bas et Londres où un autre grand nom, George Sandeman leur ouvre les portes de l'exportation.

Le long bâtiment de l'ancienne Corderie royale de Rochefort.

Richard Hennessy, le fondateur de la célèbre maison de cognac.

La prospérité limitera ici l'impact de la Révolution. Les bourgeois, ailleurs moteurs des idées nouvelles autant que d'une revanche sur la noblesse finissante, sont à l'aise ; ils savent le devoir à leur bonne entente avec les vignerons et les distillateurs. Vignerons, distillateurs et négociants n'ont pas eu à se plaindre de la fin de l'Ancien Régime, avec une exemption totale des droits d'exportation sur le vin et les alcools accordée par Louis XVI en 1784 et une réduction des droits d'entrée en Angleterre deux ans plus tard. Même le terrible hiver 1788/1789, dont les très fortes gelées mettent à mal le vignoble n'entraîne pas de véritable crise et resserre même les liens de solidarité entre agriculteurs, vignerons et commerçants.

Si Napoléon* a son nom aujourd'hui sur des bouteilles de cognac, il le doit surtout à son oncle, bien plus apprécié que lui dans les chaumières. Le Blocus continental et l'état de guerre presque incessant pendant tout le règne de Napoléon Ier ont signifié l'interruption de toute exportation normale, faisant le lit de la contrebande dont on sait qu'elle n'est jamais profitable à une profession normalement organisée. La Restauration rend la prospérité à la région où se créent d'autres maisons de négoce qui expédient, non plus en fûts, mais en bouteilles avec signatures et marques désormais protégées par une loi de 1857. Le second Empire sera l'âge d'or du cognac. Si c'est l'effigie de Napoléon* « le Grand » qui orne les étiquettes, son neveu, lui, a conquis le cœur des Charentais et leur porte-monnaie par le traité de libre-échange conclu avec l'Angleterre, leur meilleur client. Le vignoble devient le plus étendu de France, jusqu'aux îles. Ré, la Blanche et Oléron, la Lumineuse sont en partie plantées en vignes à cognac. En même temps, se développent cartonneries, imprimeries, verreries, fabriques de bouchons et de caisses. Les exportations, qui dépassaient à peine 35 000 hl en 1815 atteignent plus de 420 000 hl en 1860.

Chargement d'une gabare sur les quais de la Charente à Cognac.

Pire que l'Empire, « Vastatrix » attaque

Un malheur, au pays du cognac, n'arrive jamais seul. À peine le second Empire s'est-il effondré qu'en 1872, une invasion qui n'a rien de prussienne, celle-ci, s'abat sur le vignoble : le phylloxéra* (*phylloxera vastatrix*) va bien justifier son nom et dévaster les vignes, ici peut-être plus qu'ailleurs, dans un contexte où la surproduction et les stocks surchargent déjà les trésoreries. Tous ceux qui n'ont pas de réserves financières suffisantes, vont être entraînés dans la frénésie du déstockage, alors que l'on arrache près de 90 % du vignoble. En ces temps troublés, le prestige du mot « cognac » va attirer bien des aigrefins et conduire à l'écoulement d'eaux-de-vie de tout poil sans rapport avec l'alcool charentais et en usurpant sans vergogne le nom. Un mal étant parfois un bien, ce sera l'origine d'une reprise en main féroce et d'une lutte contre la fraude à l'origine d'une des réglementations les plus draconiennes et des plus sécurisantes qui soient. Le temps de trouver la parade des porte-greffes américains et à nouveau la Charente* voit la solidarité se mettre en place pour relancer la culture viticole. En 1909, c'est le nom cognac qui est protégé par une loi, élargie en 1929 par l'attribution de l'acquit* jaune d'or, véritable certificat d'origine. Il stipule que le cognac ne peut provenir que d'une région délimitée, que les dénominations sont strictement réglementées et que l'élaboration et la conservation sont précisément définies. En 1938, le système national des AOC (Appellations d'origine

Les vainqueurs du phylloxéra : les porte-greffes américains.

Le vignoble de cognac au fil des saisons.

contrôlée) révise les territoires de production, au profit de certains, au détriment d'autres ; on réussit à s'accorder sans conflits majeurs.

Pendant la Seconde Guerre mondiale l'occupation menace à nouveau l'économie de la région. La mévente gonfle à nouveau les stocks* que l'on craint d'être obligé de livrer comme prise de guerre à un occupant pour qui le mot cognac rime étrangement avec champagne. C'est l'occasion de créer le premier organisme interprofessionnel, le Bureau de Répartition des Vins et Eaux-de-Vie qui deviendra à la Libération, le Bureau National Interprofessionnel du Cognac (BNIC*) que nous connaissons encore aujourd'hui.

Les Temps Modernes

Le XXe siècle est marqué par la reconstitution du vignoble qui atteint aujourd'hui 80 000 ha, loin donc, de ce qu'il était avant la dévastation par le phylloxéra.

Jusqu'à la crise du début des années 1970, le volume des ventes ne cessera de croître (de même que les stocks, d'ailleurs), permettant à un certain nombre de grandes marques d'atteindre des niveaux mondiaux voire d'intégrer le giron de multinationales du luxe. De grandes mutations financières bouleverseront les hiérarchies établies et les petits producteurs devront changer de stratégie pour survivre. Certains – encore rares – cependant, se tourneront vers la commercialisation de leur production, sous leur propre nom. Ils participent ainsi à la diversité et au renouvellement des saveurs qui font la qualité des produits d'un terroir, comme les grandes marques œuvrent pour la permanence de la qualité, l'équilibre et l'harmonie des prestigieux assemblages qui font que l'on n'est jamais déçu par un grand cognac et que, partout dans le monde, on le reconnaît entre tous.

Maurice Chevalier ambassadeur du cognac dans *A Smiling Lieutenant* 1932 (Ernst Lubitsch).

HENNESSY

Acquit

Voyager, pour un alcool, n'est pas plus gratuit que pour un humain. Le service des contributions indirectes, appelé Régie et parfois Volante en raison de ses contrôles mobiles inopinés – souvent nocturnes –, est là depuis toujours pour lever et/ou contrôler la taxe prélevée par l'État.

« Papiers, s'il vous plaît ! » L'injonction vaut pour l'homme au volant mais aussi pour l'alcool en déplacement. Car côté papiers, notre alcool n'est pas oublié. Pas de problème de traçabilité pour lui ! Sa naissance dans la distillerie, déjà, est consignée sur le registre idoine. Il est ensuite répertorié chaque année sur le livre de compte d'âge*. Ayant atteint ses trente mois, il peut voyager.

Pour le vin, si les droits (taxes) ont été payés (c'est le cas de tout alcool acheté par un particulier) et donc répercutés dans le prix de vente, il bénéficie d'un congé qui figure sur le haut de la capsule des bouteilles sous la forme d'un cachet à l'effigie de Marianne, cernée d'une couleur. Cette disposition doit être étendue aux alcools, dont le cognac.

Le transport avant sa mise en vente définitive constitue un cas différent : les droits n'étant pas encore acquittés, un papier spécial est délivré par la Régie, consignant tous les détails du transport (lieux, itinéraire, quantité, emballages, horaires). Au fil du temps et au gré des différents décrets, il a été rouge en 1872, puis blanc en 1903 pour virer au jaune d'or le 4 août 1929. Ce décret, voté de nuit sans doute, s'il n'abolissait pas de privilèges, rendait la fraude beaucoup plus difficile par le perfectionnement de cet « Acquit jaune d'or », à la fois plus simple et plus complet. Il est remplacé aujourd'hui par le « document communautaire d'accompagnement » ou DCA.

Alambic

D'étymologie arabe, (*al-ambiq*), le mot désigne l'appareil servant à distiller un produit fermenté (vin, cidre, orge, houblon, etc.), dans le but d'en extraire l'alcool (mot également d'origine arabe : *al-kuhl*, antimoine pulvérisé). Son origine est en fait égyptienne et remonterait à 3 000 ans avant J.-C. Il s'agissait alors d'obtenir un fard – le khôl – pour les paupières des belles Égyptiennes à partir d'antimoine. Un peu plus près de nous, l'alchimiste égyptien Zosime (IIIe siècle) publiera un traité sur le sujet, illustré de précieux schémas. L'appareil comportait déjà les trois parties principales de l'alambic charentais :

– la chaudière, en forme d'oignon ou de courge (dite de ce fait cucur-

Alambic charentais.

Sortie de l'alambic du « cœur de la bonne chauffe ».

Schéma de principe de fonctionnement d'un alambic.

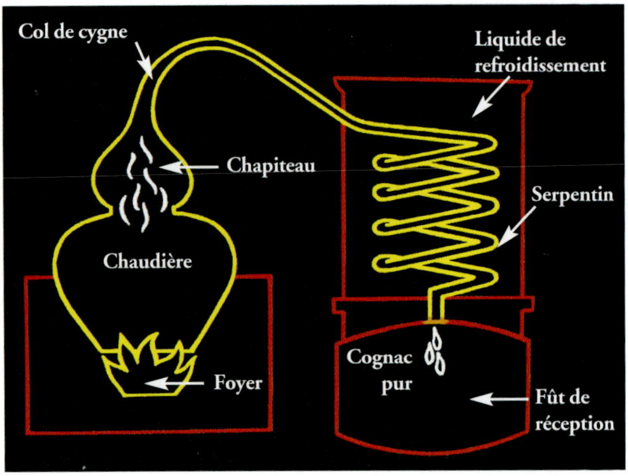

bite), qui contient le liquide à distiller ; elle est placée au-dessus d'un foyer servant à chauffer ce liquide jusqu'à ébullition de l'alcool (78,3 °C) et même au delà ;
– le chapiteau qui coiffe la chaudière et par où s'évacue l'alcool sous forme de vapeur ;
– le serpentin, conduit spiralé plongé dans un récipient d'eau froide, où les vapeurs, sous l'effet de l'abaissement de la température, précipitent en fines gouttelettes pour être récupérées sous forme liquide à la sortie.

Passé chez les Arabes, l'alambic arrivera en Europe avec l'invasion de l'Espagne par les Maures et surtout avec les Croisades. Des échanges scientifiques eurent lieu à cette époque entre les Arabes de Cordoue et les professeurs de l'université de Montpellier (travaux d'Arnaud de Villeneuve).

Des cornues de terre, de verre ou d'airain des débuts, on passera à l'alambic en cuivre rouge, dont la forme du chapiteau évoluera, jusqu'à l'élégant col de cygne actuel. Son foyer sera fermé, pour chauffer plus et mieux, et il se verra doter parfois d'un réchauffe-vin, sorte de cuve destinée à dégourdir le vin de la chauffe* suivante, en utilisant le parcours des vapeurs d'alcool.

L'appareil ainsi décrit dans sa simplicité, n'a besoin d'aucune transformation pour que l'on puisse effectuer la repasse*, opération capitale pour obtenir un cognac de qualité, digne de sa réputation et conforme aux exigences de l'Appellation d'origine contrôlée (AOC*).

Maître de chai d'autrefois appréciant les arômes pour préparer son assemblage.

Arômes

Quoi de plus délicat à expliquer et à décrire que les arômes ? Pour le dictionnaire, il s'agit « d'émanations qui s'exhalent de certaines substances végétales ou animales (…), odeurs, parfums, goûts ». S'agissant du cognac, le terme participe de tout un vocabulaire très précis. On parlera d'abord d'arômes lors de la dégustation* olfactive. Ce ne sera pas le premier contact (premier nez), qui ne dégage que l'odeur dite « le montant » mais le second (nez profond) vous gratifiant d'un éventail et d'une palette de fragrances (odeurs agréables) qui constitue l'arôme proprement dit. Le résultat des deux nez constitue le bouquet.

On retrouve l'arôme lors de l'étude gustative où, allié à la saveur (sensation de la langue et du palais) il forme le goût (ensemble des sensations de la bouche). On parlera d'arômes primaires pour les premières sensations gustatives évoquant en général des notes fruitées, parfois florales. On appellera arômes secondaires, ceux qui sont dûs au processus de distillation et arômes tertiaires les impressions boisées qui se révèlent ensuite, souvent identifiées en notes grillées, épicées ou fumées et dont le chêne* des fûts est en grande partie responsable par les échanges complexes qu'il entretient avec l'alcool.

Assemblage

Dans la grande majorité des cas, le cognac vendu en bouteille* provient du mélange de plusieurs eaux-de-vie, différentes tant par l'origine des crus* que par celle des cépages*, ou des diverses méthodes de distillation*, quand il ne s'agit pas du millésime de l'eau-de-vie ou du caractère spécifique de tel fût. On pourrait presque ajouter l'âge, non pas du capitaine, mais du maître de chai*, tant est vaste la diversité des critères procédant de l'opération complexe et délicate qu'est l'assemblage.

En fait, l'objectif à atteindre est simple : obtenir, avec des produits qui évoluent, des caractères et un goût qui ne changent pas pour que le client, qui les a appréciés, les retrouve semblables et reste fidèle à sa marque préférée.

Pour ce faire, le maître de chai* dispose d'un arsenal de possibilités, dont il doit garder en mémoire les résultats antérieurs

Maître de chai examinant des échantillons.

Les cuves d'assemblage.

Armoire d'échantillons de cognac.

en tenant compte des éventuelles nuances qui ont pu les infléchir. Autant que cérébrale, sa mémoire se devra d'être olfactive, visuelle et... gustative. Les grandes maisons ont à leur disposition un patron de coupe, sorte de modèle, secret bien sûr, offrant une ossature de composition avec ses références et ses proportions (on se croirait en haute couture) réactualisées chaque année.
Les eaux-de-vie sont regroupées en lots, selon des normes très précises de qualités et de nuances gustatives : boisées, florales, fruitées, épicées. Le maître de chai* a sous la main, ou plutôt sous le nez, les éléments qui vont lui permettre de bâtir un premier assemblage* selon les critères de son patron de coupe.
Véritable mémoire, ce document est une sorte de mode d'emploi permettant de retrouver les arômes* spécifiques de la cuvée de référence, avec les éléments utilisés antérieurement pour y parvenir. La principale difficulté provient du fait que les éléments du moment sont forcément différents de ceux d'hier, et leur évolution est loin d'être une constante fiable. Cette coupe*, dite première, pourra retourner vieillir encore à l'ombre du chêne*, selon la décision souveraine du maître de chai*, au vu et ressenti de sa dégustation*. Il pourra aussi modifier telle proportion, prendre le temps de voir comment évoluent les « fiançailles » avant de décider de l'assemblage* complet.
Mois ou années nécessaires s'étant écoulés, ponctués de dégustations* régulières, le maître de chai* décide cette fois du « mariage ». C'est la coupe* finale qui aura le privilège de vieillir en fût de chêne*, paisiblement jusqu'à la décision de mise en bouteille*.
Seules, les facultés qu'apporte une longue expérience peuvent permettre de conduire avec succès une telle opération, clé de voûte de la réussite. Les hommes capables de la mener à bien ne sont pas légion.

Les locaux du BNIC, à Cognac.

BNIC

Comme toutes les professions liées à la vigne, en France, les viticulteurs et les négociants de la région du cognac se sont unis depuis environ un siècle pour conjuguer leurs efforts. Ces derniers ont abouti après la Libération, à la constitution du Bureau National Interprofessionnel du Cognac (BNIC), héritier du Bureau de répartition des Vins et Eaux-de-Vie. Ces deux institutions illustrent la volonté constante des Charentais de régler pacifiquement, en famille, les éventuels problèmes de la profession. Les réformes de structuration du vignoble, la répartition des crus, la fixation des méthodes de production, tout ici, s'est toujours réglé sans tempêtes, depuis la reconnaissance officielle du cognac en 1909, la définition de l'acquit* jaune d'or en 1929, le rattachement au système des AOC en 1938, la délimitation et l'attribution des crus.

Regroupés dans le BNIC, les professionnels du cognac définissent solidairement toutes les actions visant à défendre et à promouvoir la qualité et la réputation du produit.

Établissement à caractère privé investi de missions de service public, le BNIC est cofinancé par les professionnels du cognac avec pour objectif de défendre les intérêts de tous ceux qui participent à son économie. Il contrôle les mouvements du cognac, vérifie la tenue des comptes d'âge* et assure la délivrance des certificats d'âge et d'origine, avec l'assistance d'un contrôleur d'État nommé par le ministère des Finances, et des responsables des différentes administrations concernées.

Le champ d'activité du BNIC couvre aussi la recherche scientifique, l'analyse statistique, la communication, l'étude et le suivi des législations dans le monde entier (aide à la viticulture et lutte contre les contrefaçons).

Dans toute la Charente, les bois restent présents ; ils ont donné leur nom à plusieurs régions d'appellation.

Bois

Les trois appellations mineures de cognac rappellent que la région, avant d'être plantée de vigne, l'était d'arbres, formant des bois qui, d'ailleurs, séparent encore aujourd'hui souvent les parcelles encépées.

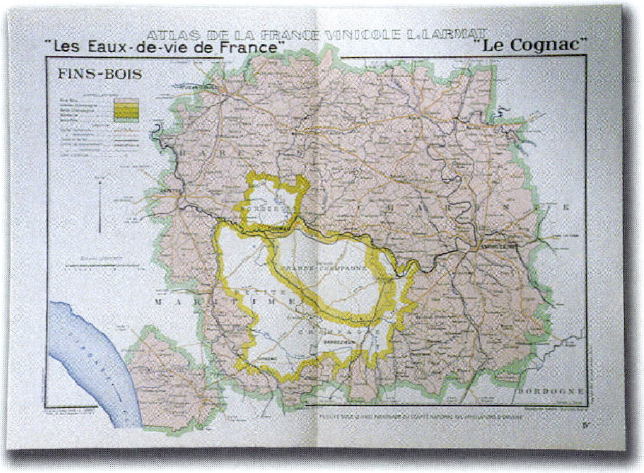

Carte des Fins Bois.

Les Fins Bois avec 34 000 ha de vignes à cognac forment l'entité la plus étendue de cette région viticole. Le terrain, calcaire encore, est diversifié d'argiles et de sables et est enrichi de l'épaisse couche d'humus laissée par la forêt qui le recouvrait encore au XIVe siècle, d'où l'appellation du cru. Les eaux-de-vie des Fins Bois, bien qu'elles ne possèdent pas la finesse et l'élégance des Champagne*, présentent force et plénitude et vieillissent plus rapidement.

Sur les Bons Bois, le calcaire l'a cédé à l'argile et ne se trouve plus qu'en îlots sous un humus sylvestre moins dense. La partie occidentale du vignoble est déjà exposée aux influences maritimes. Les eaux-de-vie produites à partir de 11 000 ha de vignes ont la puissance de l'humus et du terroir. Vieillissant assez vite, elles constituent des éléments performants dans les assemblages* de cognacs où l'on ne craint pas la recherche et l'originalité.

Les Bois Ordinaires parfois aussi nommés Communs ou à terroir s'accommodent de leur adjectif en rappelant que la Bourgogne aussi a son « ordinaire », réhaussé il est vrai d'un « grand », comme s'il fallait, pour le moins, compenser justement le qualificatif. Pourtant, c'est cet ordinaire qui, en servant de référence (ce qui n'est pas rien), permet d'apprécier l'échelle des valeurs, voire de l'exceptionnalité. Les Bois Ordinaires sont à l'origine de cognacs dont certains diront qu'ils n'ont pour qualité que leur prix. Il ne s'agit certes pas de Fine Champagne, mais c'est peut-être aussi au comptoir du café que l'on découvrira les qualités de ces Bois Ordinaires. Avec un peu d'attention – et d'imagination – on leur trouvera des parfums d'iode, de varech et de vent du large, sans perdre pour autant les saveurs prononcées d'un terroir. Tel est le charme de ce cognac de côte quand ce n'est pas des îles.

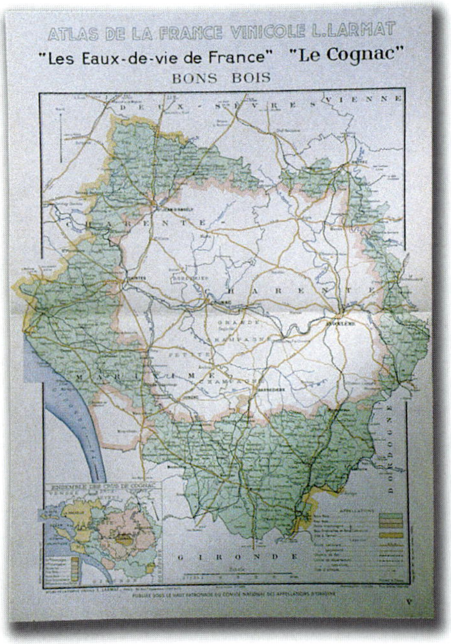

Carte des
Bons Bois.

Carte des Borderies et de la Petite Champagne.

Borderies

Correspondant à l'ancienne zone de contact entre campagne et bois, c'est le plus petit des terroirs à cognac avec seulement 4 000 ha en vignobles plantés sur des terres où la craie, à demi décomposée, a commencé à admettre argiles et silex lors de la formation de la vallée de la Charente* (période tertiaire). Les eaux-de-vie produites sont recherchées pour leur faculté à vieillir rapidement, tout en présentant des qualités de charme et de douceur très appréciables pour leur seule dégustation* ou pour enrichir des assemblages* de qualité.

Bouteille

Quand le verre* des bouteilles remplaça le chêne* des fûts pour le transport du cognac, une stratégie commerciale nouvelle était née. À la différence du vin, l'alcool ne se bonifie pas en vieillissant en bouteille ; ne

Bouteille ancienne d'un cognac Grande Champagne Réserve de l'Empereur.

Bouteille de cognac traditionnelle.

Flacon contemporain de type bouteille.

risque-t-il pas, même, de s'évaporer s'il est mal bouché. Le conditionnement sous verre* semble remonter au XVIIIe siècle, sous la forme de dames-jeannes d'abord, ces grosses bouteilles ventrues, le plus souvent paillées ou habillées d'osier pour mieux les protéger. Elles facilitèrent le transport et l'exportation mais surtout garantirent la fixation d'une qualité obtenue par les maîtres de chai* en Charente* même. De là à passer à la bouteille de plus faible contenance il n'y eut qu'un pas qui mit pourtant du temps à être franchi. La mise en bouteilles individuelles n'apparaît qu'au début du XIXe siècle et pendant longtemps elle sera réservée aux clients prestigieux des grandes maisons. Elle devint un argument de vente au milieu du siècle, comme une garantie d'authenticité et d'affirmation des marques. Pendant près d'un siècle encore on s'en tiendra à une présentation en bouteilles classiques, uniformes quelles que soient les qualités du breuvage qu'elles contiennent. Les expéditions en fût (actuellement symboliques) prirent pratiquement fin dans les années 1910.
Chaque bouteille ou flacon transparent de 70 cl découvre les ambres dorés des robes des trésors charentais. Il démultiplie aussi le nom de la marque portée sur l'étiquette. Ce nouveau support devint rapidement

un socle de concurrence où chaque maison voulut imprimer en regard de son nom, un identifiant fort, propre à définir d'emblée sa marque, qui, d'une effigie célébrissime à bicorne porté en travers, qui, d'un bras de chevalier médiéval brandissant une hache, ou d'un aigle impérial, voire de blasons et d'armoiries. Le logo commercial ne date pas d'hier !
Si la classique bouteille « Frontignan » a le mérite du classicisme, le charme du flacon n'a pas échappé à certains, avec, souvent, la complicité de grands verriers. Ils réalisèrent et réalisent encore de véritables

Flacons contemporain d'inspiration «parfum».

Carafe de style en cristal gravé.

chefs-d'œuvre, dignes de l'art maîtrisé du précieux breuvage. Ce qui, a contrario du proverbe, pourrait conduire à dire : qu'importe l'ivresse, pourvu qu'on ait le flacon ! Quant aux contenants ordinaires, en verre de tous les jours, il devient, dans les années 1890, plus facile et meilleur marché de les produire grâce à l'invention d'une machine à fabriquer des bouteilles par moulage (fini le soufflage à la canne), mise au point par Claude Boucher (1842-1913), verrier à Cognac.

Brouillis

Contrairement à une idée reçue, le cognac n'est pas le résultat de la distillation* du pineau*. Il ne provient pas non plus vraiment de celle d'un vin nouveau « achevé ». La base de la distillation* est en fait du moût de raisin fermenté ou, si l'on préfère, un vin non filtré, qui est introduit dans la chaudière pour être porté à ébullition, puis condensé par réfrigération : il sort alors du serpentin un alcool titrant de 27 à 30 % vol, légèrement trouble que l'on appelle de ce fait le brouillis. C'est lui qui fera l'objet d'une seconde distillation* donnant le cognac.

Calligraphie

Dans la pénombre des chais, en tête des alignements de tonneaux, on lit sur la bouge (partie centrale la plus renflée) des premiers fûts, des initiales, des noms et des dates tous écrits à la craie. Ce qui étonne, c'est le soin apporté à l'écriture : une véritable calligraphie retrouvant, avec ses pleins et ses déliés, finesse et force des écritures anciennes aux noms évocateurs de vieux documents : ronde, gothique, anglaise. C'est l'expression, dans la tradition du travail bien fait, d'un véritable talent d'artiste.

Caractère

Tout paysan est attaché à sa terre, mais s'agissant du vigneron charentais, il l'est par les racines d'un cep ! Cet ancrage (car ce fut aussi parfois un marin), incompris généralement des citadins, est d'autant plus fort que le labeur est exigeant. La récolte, pas plus que la moisson, ne peut attendre et rien ne peut lui être préféré. Cette nécessité de la priorité a enseigné au vigneron à ne dépendre que de lui-même (ou de sa famille, de son clan). On ne s'étonnera pas, donc, de son individualisme, qui ne trouve d'exception que dans la solidarité avec ses collègues.

En Charente*, ce trait de caractère se concrétise dans l'habitat où les exploitations, encloses de murs, au double portail rarement ouvert (autrement que par oubli) semblent s'isoler dans les vignes dès qu'elles disposent d'un puits. Le point d'eau* a souvent déterminé les implantations, générant une exploitation ou un hameau. Le toponyme maine (cousin de *manse*, *mas*, *masure*, *maison*) que l'on retrouve dans Maine-Giraud ou Maine-Allard par exemple, désigne à l'origine le hameau habité par la famille élargie – véritable clan – des Allard ou des Giraud. Le même principe vaut au niveau des villages et des villes, dont le suffixe *acum*, réduit en « ac », indique la propriété.

Le regroupement en village n'a rien modifié au plan des fermes : les murs, presque sans fenêtres,

Cour fermée typique des fermes charentaises.

bordent la rue. Cet alignement volontaire de façades aveugles n'est rompu que par les vantaux des portails. Mais si vous parvenez à les ouvrir, l'accueil sera chaleureux. Vous trouverez l'habitation claire, spacieuse et confortable et un interlocuteur très informé, très au courant, ouvert aux problèmes du monde plus que vous peut-être, dans la droite ligne de l'esprit commercial, hérité de hardis prédécesseurs. Au Moyen Âge déjà, le Charentais embrassait un autre horizon que celui de la terre du seigneur et de son donjon. La mer et le commerce saunier l'ouvraient au négoce. De ces ressources, pour ne pas dire de ces richesses variées, viendra l'inconvénient d'être convoité et donc déchiré entre France et Angleterre. Le Charentais, s'il y a longtemps perdu, en a gagné aussi une certaine indépendance, illustrée dans des relations commerciales avec l'étranger parfois peu orthodoxes, voire aux franges de la contrebande au regard des orientations politiques nationales fixées par la capitale.

Négociant bien plus que soldat, le Charentais, en connaissance de cause, hait la guerre qui ruine le commerce.

S'il est placide – philosophe –, il sait aussi se révolter contre la gabelle et les taxations iniques le menaçant de disette ou compromettant sa prospérité ; il sait aussi se faire « croquant » et entrer en révolte pour défendre sa foi ou ses convictions laïques. Mais ce qui l'attache le plus à sa terre, encore aujourd'hui, c'est surtout son cognac. Il sait qu'il fait l'un des plus beaux métiers du monde puisqu'il fabrique le meilleur alcool de la terre. Qui le blâmerait d'en être si fier, lui qui met son courage au profit de sa vigne, son savoir-faire à l'écoute de son vin, son inspiration à la gloire de ses assemblages et sa patience au service du temps ?

Le portail fermé clôt la propriété.

À quoi rêve-t-il lorsque, fourbu, assommé de fatigue, en plein cœur de l'hiver, il dort à côté de son fourneau et de son alambic comme un père qui veille son enfant ? Peut-être à un paradis où les anges ne prendraient ni leur part ni la sienne et laisseraient vieillir en paix son cognac pour l'éternité, et accomplir ainsi le miracle des arômes* absolus d'un alcool universel qui, forcément, serait divin !

Cépages

Comme tout vignoble, celui de cognac est planté d'un certain nombre de cépages, issus du choix empirique des hommes, puis de sélections savantes sous les auspices de scientifiques patentés. Tous ces cépages se vendangent au mois d'octobre et en grande partie de façon mécanique.

Il est à observer que les appellations de cognac, si elles sont avant tout régies par des considérations d'ordre géographique, sont également liées à la notion de cépages qui doivent tous être blancs, dont 90 % minimum d'*ugni blanc**, de *colombard** et de *folle blanche**.

On trouve aussi d'autres cépages en Charente*, utilisés à titre d'appoint (10 % au maximum) : le *blanc ramé* (*meslier saint-françois*), le *jurançon*, le *montils*, le *sémillon*, le *sélect*.

Cépage *ugni blanc*.

CHAI

Le mot chai est adopté aujourd'hui par tous les vignobles pour désigner l'endroit où l'on entrepose les tonneaux pendant la phase de maturation et de vieillissement des vins et des alcools. La Charente* serait fondée à en réclamer sinon l'exclusivité, du moins la paternité, car selon le dictionnaire (qui, comme un bon alcool, ne saurait tromper), le mot est la forme poitevine de « quai », elle-même héritée du gaulois « caio ». Pas étonnant, dans ces conditions, que les chais à cognac soient toujours au niveau du sol, souvent sur les bords même de la Charente* (sur les quais, précisément), jamais en sous-sol, les variations de température étant apparemment favorables au vieillissement et à l'évolution de cet alcool.

Les plus vieux cognacs sont mis sous clés, bien à l'abri dans un coin privilégié du chai auquel seuls quelques-uns, dûment accompagnés du maître de chai*, ont accès : c'est le « paradis » placé, bien évidemment sous la protection des anges les plus titrés.

Ci-dessus : fûts et (au fond) dames-jeannes, petit coin de paradis.

Identification, à la craie, de très vieux alcools pour les assemblages prestigieux.

Page de gauche : l'empilement des fûts dans les chais d'une grande maison de cognac.

Coupe de terrain en Grande Champagne mettant en évidence la craie fine qui le compose.

Champagne

Ancienne forme du mot campagne, la champagne n'est donc une exclusivité ni charentaise ni champenoise, comme peut en témoigner le terme champart qui désignait sous l'Ancien Régime la cote part (toujours très élevée) prélevée par le seigneur depuis le XIIIe siècle sur l'exploitation des cultures de céréales pratiquées dans les terres défrichées. Les « champagnes » qui nous intéressent correspondent bien aux terres défrichées au fil des siècles autour d'un certain nombre de villages et de villes, dont Cognac était sans doute le pôle central. On observera aussi une certaine similitude entre les sols à dominante crayeuse du centre des Charentes* et ceux du pays champenois. Très logiquement, on trouve autour des champagnes les Borderies, (ou bordures) puis les Bois (ou forêts) environnants, classés par ordre décroissant à partir de la ville de Cognac (Fins, Bons et Ordinaires).

Charente

Au singulier, la Charente est un « fleuve tranquille » (même s'il n'est pas très long : 360 km), né dans le Limousin et qui, sans se presser, va rejoindre l'Atlantique par un estuaire évasé et aussi, envasé. Henri IV aimait à dire « c'est le plus beau ruisseau de mon royaume ». Au passage, elle arrose Angoulême, « La Mecque » actuelle de la bande dessinée, Jarnac et Cognac*, les deux sœurs rivales, Saintes, la capitale historique de la Saintonge, Tonnay-Charente, l'ancien port fluvial où accostaient encore au début du XXe siècle, gabares* d'un côté et steamers de l'autre et d'où s'exportaient par voie d'eau, sel, vin et

La Charente : un fleuve tranquille.

cognac ; enfin Rochefort, avec son arsenal où des passionnés de marine ancienne se sont lancés dans la reconstruction de *L'Hermione*, la frégate de La Fayette, juste à côté des longs bâtiments de l'ancienne Corderie royale.
Au pluriel, ce sont, depuis la Révolution, les deux départements qui couvrent pratiquement la région délimitée de production du cognac, lequel a droit aussi aux vieilles appellations « eau-de-vie des Charentes » ou « eau-de-vie de Cognac ». Les Charentes ainsi dénommées, correspondent aux territoires des trois anciennes provinces d'Aunis, de Saintonge et d'Angoumois.
Si l'on reprend le singulier, la Charente est un département dont Angoulême est le chef-lieu et Cognac*, une sous-préfecture.
L'autre département Charente, est « maritime » après avoir été longtemps « inférieure ». Son chef-lieu est le célèbre port de La Rochelle et ses sous-préfectures sont toutes liées à l'histoire du cognac : Rochefort, Saintes, Saint-Jean-d'Angély – trois anciens ports fluviaux –, et

Unité de chauffe d'un alambic traditionnel.

Jonzac où eaux thermales et eaux-de-vie s'accordent à satisfaire tout à la fois, curistes et touristes parfois étrangement confondus.
Les Charentes sont aussi, avec les Deux-Sèvres toutes proches, un pays d'élevage laitier, producteur d'un autre breuvage, celui-ci non-alcoolisé, avec lequel on fait l'un des meilleurs beurres de France.

Chauffe

La distillation* repose sur le chauffage du vin, en fait, ici du moût fermenté de raisin, contenu dans une cuve. L'élaboration du cognac suppose une double distillation*, donc une double chauffe, la première permettant d'obtenir le brouillis*, faible en alcool, la seconde est dite bonne chauffe. À chaque fois, on élimine les produits de première (« tête ») et de dernière (« queue ») distillation*, donnant ce qui deviendra le cognac. Jusqu'à la fin du XVIIIe siècle (et plus longtemps encore dans bien des campagnes) on utilisa le bois, d'approvisionnement facile, peu coûteux, mais aussi peu régulier dans son pouvoir calorifique, soumettant l'alambic à des variations de température très préjudiciables à un processus reposant sur la constance et la régularité. Dans son célèbre *Traité de la vigne, avec l'art de faire le vin, les eaux-de-vie, esprit de vin, vinaigres et composés*

(1801), Chaptal attribue à un négociant de Sète, Monsieur Ricard (sic), la paternité de la chauffe au « charbon fossile », beaucoup moins cher, plus facile à stocker et offrant une plus grande régularité de chauffe du fait du moins grand nombre d'approvisionnements et de rechargements de la chaudière. À son tour, le charbon connaîtra le même sort, pour des raisons analogues au XXe siècle et sera supplanté par le gaz, qui alimente aujourd'hui toutes les chaufferies.

Calibrage d'un chêne promis à la tonnellerie.

Chêne

L'expérience a montré que rien ne remplaçait les fûts de chêne pour loger les eaux-de-vie de cognac et les faire vieillir. Il faut, on s'en doute, que ce chêne soit bien de chez nous : le chêne d'Amérique donnerait de l'amertume, ceux d'Allemagne, d'Autriche ou de Russie ne lâcheraient pas leurs tanins, empêchant tout échange avec le contenu. Issu des forêts du Limousin ou du Tronçais (dans l'Allier), plantées par Colbert pour la Royale, seul le chêne français pédonculé est retenu pour la qualité de son grain. Sa porosité, parfaitement adaptée, permet l'échange et l'oxygénation optimum, critères primordiaux du vieillissement* du cognac. Celui du Limousin, possédant plus de substances extractibles, donnera une eau-de-vie plus riche, avec plus de corps, apte à vieillir longuement. Celui de l'Allier conviendra mieux, lui, pour loger un cognac précoce. Âgé d'au moins 100 ans, chaque arbre saura donner à l'alcool ses chaleureuses nuances pour attirer le regard, ravir l'odorat, émerveiller le palais.

C'est pour cela que viticulteurs, bouilleurs, marchands en gros et négociants prennent autant de soins à faire fabriquer par des maîtres-tonneliers expérimentés, les meilleurs fûts (360 litres en général) pour leurs meilleurs cognacs. L'alcool passera généralement 2 ans dans un fût neuf avant d'être transvasé dans un fût roux c'est-à-dire ayant déjà contenu des eaux-de-vie auxquelles il a déjà donné ses premiers tanins. Si beaucoup de cognacs de consommation courante quittent le fût au bout de 30 mois, les meilleurs, issus des Champagne* pourront y passer jusqu'à 10 ans, certains continuant à y vieillir bien plus longtemps encore, plusieurs dizaines

Billes des chênes abatus, séchant en forêt.

d'années parfois, avec une limite à 50 ans, au-delà de laquelle, parfaitement matures, ils rejoignent les bonbonnes. Chaque grande maison possède ce genre de trésor, scellé comme il se doit dans un endroit du chai* réservé et protégé, bien nommé le paradis. Stockées au niveau du sol, les futailles meublent les chais* d'impressionnants alignements sur trois, quatre ou cinq hauteurs. Les tonneaux situés aux extrémités de ces alignements portent les initiales C H, généralement marquées à la craie. Ce sont les chanteaux, fûts sacrifiés et contenant pourtant les très vieux cognacs, utilisés pour maintenir le niveau de remplissage des autres, victimes de l'évaporation, la fameuse part des anges*. Ces très vieux cognacs jouent un rôle essentiel dans l'obtention des produits commercialisés, arrondissant les mélanges en atténuant le rancio*, ce goût de rance si caractéristique des vieux cognacs et marque prestigieuse des produits d'exception.

Ici, pas de caves enterrées : on veut profiter de tous changements climatiques ou de température, sachant que le vieillissement* en sera amélioré.

Séchage en plein air des merrains.

Les vignes au printemps.

Climat

La région délimitée donnant droit à l'appellation cognac est située à quelque 100 km au sud de la Loire, ce qui lui apporte une douceur confortée par les vents marins dominants. Il suffit cependant qu'un hiver ils cèdent le pas aux vents d'est, passés par-dessus les monts d'Auvergne, et le climat devient presque continental. Le vignoble est alors balayé par la bise. Le gel risque donc de s'installer. C'est, ici comme ailleurs, avec la grêle, la hantise des vignerons.
S'il est épargné par ces deux fléaux, le raisin charentais pourra mûrir tranquillement, objet de tous les soins attentifs que saura lui apporter le viticulteur soucieux de la perfection du résultat final.
Les Champagne* connaissent le phénomène de la réverbération du soleil et la restitution de la chaleur par la craie, phénomène observé aussi dans la région des célèbres vins effervescents et dont le nom, ce n'est pas un hasard, est identique. Mais là s'arrêtent les similitudes, cépages* et destinations finales étant différents.
Pour le territoire des Bois* et sa partie ouest où la présence de la craie est moins sensible, c'est l'air de l'océan qui domine, apportant plus d'humidité par de nombreuses brumes et parfois d'épais brouillards. Ils n'empêchent cependant pas le mûrissement de la vigne car dans

le rayonnement ultraviolet, le soleil poursuit son action. La lumière exceptionnelle en effet y est parfois éblouissante, elle a le don d'adoucir les lointains qu'elle baigne d'estompe, sa luminosité provenant peut-être de la réverbération que lui offrent l'Océan d'une part et Charente* et Gironde de l'autre. C'est sans douter cette lumière-là qui se retrouve dans les éclairs dont se pare la robe* des cognacs.

Les vignes en été.

Les vignes en hiver.

Cognac (ville)

Une grande rivière, une petite éminence, une terre légère mais fertile, des bois tout alentour, le site de l'actuel Cognac avait tout pour attirer les hommes.

Les Cognaçais de la préhistoire ont eu bien raison de s'installer ici et de générations en générations, le village, la bourgade puis la ville devaient connaître plusieurs millénaires de prospérité, à peine constellés de quelques malheurs. Les Bénédictins ne s'y tromperont pas en y bâtissant un prieuré et auront la bonne idée de réserver à Fécamp leurs talents en matière d'alcool…

Dès le XIe siècle, le négoce (déjà) saunier en fit un port reconnu. Remontant de la côte par la Charente*, le sel était déchargé des embarcations pour être acheminé vers ses lieux de destination. Le vin, issu des vignes autorisées par les Romains, chargeait aussi la barque, et quand l'or blanc charentais subira la concurrence du sel portugais, moins cher, les quais de Cognac aligneront les barriques destinées aux cargaisons des navires hollandais qui stationnaient sur la côte.

Une telle prospérité ne pouvait qu'aiguiser les appétits. Au gré des unions et des héritages des princes qui les gouvernaient, les Cognaçais seront Anglais, ce qui ne leur déplut peut-être pas vraiment compte tenu des franchises, avantages et privilèges que leur accorda Jean sans Terre, le frère de Richard Cœur de Lion (1215), bienfaiteur, aussi de Saint-Émilion (dont les ceps trouveront en Charente* un terrain favorable).

Au pied de Cognac, la Charente* ne fut pas toujours un long fleuve tranquille, et la ville vivra au rythme des luttes d'influence. Si elle ne connaît pas un siècle de guerre, elle n'en épouse pas moins celle de Cent Ans, pour ne redevenir française que grâce au Connétable et à Jean de Berry.

Ne ménageant pas leurs efforts, les Cognaçais font revivre la vigne et reprennent le négoce du sel et bien sûr du vin ; ils font renaître la prospérité sous Charles d'Angoulême qui organise une véritable cour princière au château de

Les gabares accostées sur les quais de Cognac, en attente de chargement, devant les entrepôts Hennessy au début du XXe siècle.

Cognac :
le Pont-Neuf sur la Charente et, à droite, les tours de la porte Saint-Jacques.

Cognac qui accueille poètes – dont Clément Marot – et artistes. C'est là que va naître, en 1494, un futur roi, François premier du nom (le château est depuis 1796 le siège de la maison Otard).
Cognac ne s'épargnera pas les tourments des guerres de Religions en épousant la Réforme. Fidèle cette fois au roi de France sous la Fronde, elle en est récompensée

par Louis XIV qui lui accorde des privilèges substantiels, notamment commerciaux (quatre foires y sont autorisées par an). Les Cognaçais sont pour l'occasion dispensés d'impôts durant 20 ans.
Le XVIIe siècle est une période charnière pour Cognac et sa région : peut-être trop gâtés, les Charentais ont baissé la garde et produisent des vins de piètre qualité qui voyagent mal. Mévente, surproduction, transformation des stocks en vinaigre, brûlage semblent sonner le glas de la prospérité. Jusqu'à la découverte, par hasard – selon la légende – du miraculeux alcool, mystérieusement bonifié dans des fûts de chênes oubliés... L'histoire est si belle qu'elle ne peut qu'être vraie. Mieux placée que toute autre ville pour saisir l'occasion, Cognac est prête pour la relance. C'est ce qu'on appellerait aujourd'hui un véritable boom économique qui, au XVIIIe siècle propulse Cognac et l'alcool auquel on donne tout naturellement son nom, sur le devant de la scène, en France comme à l'étranger où l'on s'arrache cette eau-de-vie dont

plus rien n'arrêtera la carrière, fantastiquement relancée à la fin du XIXe siècle par le conditionnement en bouteilles. Seule la menacera un vilain puceron américain dévastateur de tout le vignoble français, le phylloxéra*. Cognac accueillera ou verra naître durant cette période les plus grands noms du négoce franco-britannique qui feront aussi sa fortune ; les Martell, Hennessy, Otard, Delamain, devenus des marques mondialement connues, ambassadrices du prestige de la France à l'étranger. En même temps, Cognac attirera des centaines d'entreprises liées directement ou indirectement à l'alcool (conditionnement, expédition, etc.). Elle saura aussi redistribuer cette manne à ses habitants, leur offrant des services et des équipements bien supérieurs à ceux d'une ville de cette importance.
Un temps menacée de nouveau par le laxisme, Cognac a su se ressaisir et retrouver la voie d'une rigueur un moment oubliée.
Aujourd'hui, le Bureau National Interprofessionnel du Cognac, (BNIC)* s'y est fixé, ainsi que les divers organismes qui gouvernent la profession. Le monde entier reçoit ses ambassadeurs que sont les négociants-traders des grandes marques, et leurs valises sans être vraiment diplomatiques recèlent souvent un bien précieux liquide !

Colombard

À l'époque où il ne produisait que du vin (alors un vin doux, apprécié en Angleterre et dans le nord de l'Europe), le vignoble charentais était planté essentiellement de *colombard* (ou *colombaud*), cépage* blanc très cultivé en Provence et qui s'accommode bien des étés chauds, parfois torrides, qui font aujourd'hui le bonheur des touristes balnéaires de Royan ou des îles de Ré ou d'Oléron. C'est sans doute le vin obtenu à partir de cépage *colombard* qui fait, dès le XIIe siècle la réputation de ce que l'on appelle alors le vignoble de Poitou, dont Anglais et Français se disputeront les produits bien avant et encore après la guerre de Cent Ans. Le *colombard* ne représente aujourd'hui qu'à peine 10 % des ceps charentais.

Cépage *colombard*, variété d'appoint autorisée.

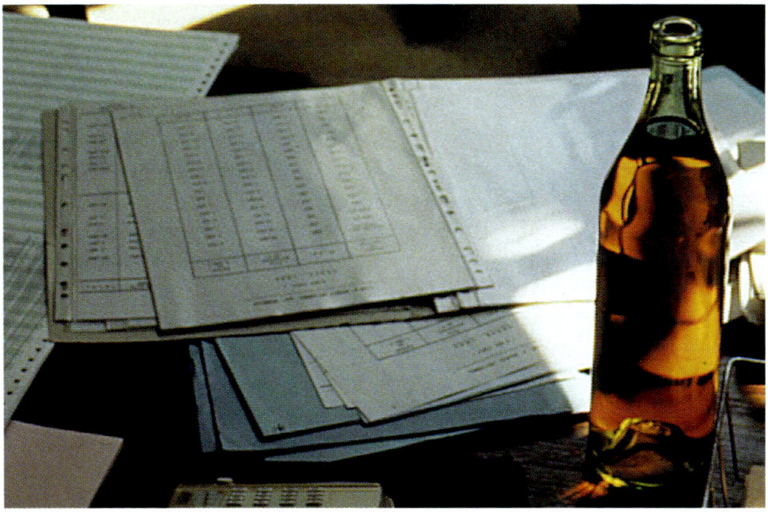

Enregistrement de l'âge des alcools.

Compte d'âge

La période de distillation* commence dès la fin de fermentation des vins et doit être impérativement terminée pour le 31 mars de l'année suivante. La cuvée produite pendant ce laps de temps est répertoriée au Bureau du cognac sous le compte 00. L'année suivante, au 1er avril, cette même cuvée sera référencée compte 0 et l'année d'après, à date anniversaire, elle se verra inscrite au compte 1.

Ce n'est qu'un an plus tard, lorsqu'elle portera le compte 2, quand le cognac est dans sa troisième année, qu'elle pourra être commercialisée. En réalité, elle devra attendre encore et prendre du chiffre pour sortir de la maison. Elle participera, à partir du compte 2, comme plus jeune eau-de-vie, à la réalisation des labels V.S. et Trois étoiles.

Les cognacs V.O. et V.S.O.P. ne doivent pas intégrer d'eau-de-vie en dessous du compte 4.

Les cognacs bénéficiant des labels Napoléon, X.O., Hors d'âge, ou autres dénominations semblables acceptées, ne contiennent pas d'eau-de-vie inférieure au compte 6. Le dernier classement est le compte 9 pour toutes les eaux-de-vie plus âgées.

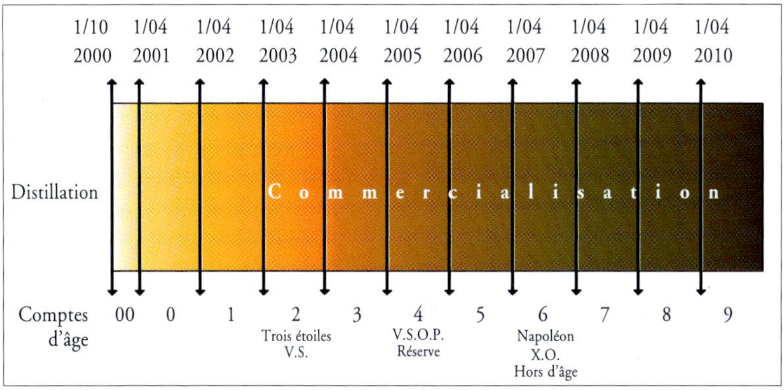

CONSOMMATION

N'est-ce pas un crime de lèse alcool-roi que de parler de consommation ? Le mot n'est-il pas trop vulgaire pour une eau-de-vie qui se veut appartenir à une véritable noblesse des alcools et dont les origines – c'est une réalité quasi historique – sont aristocratiques plus que populaires ? On sait la part de rituel qui sied à la dégustation* d'un grand cognac (en existe-t-il de petits ?), fruit de la magie d'un assemblage* dont le savoir-faire tient de l'art plus que de la production commerciale. Pourtant, ces précautions étant prises, on ne peut nier – surtout si l'on est Charentais – que le cognac soit un produit, régi par un marché, dont les fluctuations ne sont pas sans répercussions sur l'économie locale.

Le cognac est distribué essentiellement par des négociants – qui ne possèdent généralement pas de vignes –, les ventes directes et celles des coopératives ne dépassant pas 0,5 % du total. Le cognac qui arrive dans notre verre (chez soi, au restaurant ou au café) est donc presque toujours un cognac « de marque », laquelle aura participé, à des degrés divers, à sa distillation*, à son assemblage*, à son vieillissement*, à sa mise en bouteille* et bien sûr à sa commercialisation.

Né pour l'exportation, le cognac reste le plus connu et le plus apprécié de nos alcools à l'étranger. Ses marchés d'élection sont, outre l'Europe (50,1 millions de bouteilles en 2000), les États-Unis (avec près de 40 millions de bouteilles), loin devant les pays d'Asie (24,4 millions de bouteilles). Il est presque totalement ignoré en Afrique et en Océanie (Australie comprise). Les cordonniers ne chaussant pas forcément leurs meilleurs souliers (ou les réservant à d'autres pour d'évidentes raisons économiques), la France avec 8,3 millions de bouteilles n'est que troisième sur le marché de la consommation du cognac loin derrière le Royaume-Uni (10,8 millions) et bien sûr les États-Unis (39,3 millions).

Du cognac, de l'eau gazeuse et quelques glaçons : le grand retour de la fine à l'eau.

Le cognac sait être de toutes les fêtes, sans faire tourner les têtes si on le consomme avec raison.

Lorsqu'on pense au cognac, on traduit aussitôt digestif, façon la plus traditionnelle et la plus classique de le boire. C'est oublier un peu vite que cette eau-de-vie fut aussi un apéritif national jusque dans les années 1950, avec la fine à l'eau. Cette tradition semble renaître aujourd'hui sous l'appellation long drink, le cognac étant allongé d'eau pétillante ou de soda, une forme de consommation très appréciée aux États-Unis et au Japon. On y boit aussi volontiers aux bars des grands hôtels un cognac ginger ale, un cognac floater (le cognac étant versé après le soda, sans mélanger), un cognac fizz (avec du jus de citron). Les barmen connaissent depuis longtemps les vertus de cet alcool dans la composition des cocktails : lancer-franc (cognac, jus d'orange, crème de fraise), convergence (cognac, pineau, jus d'orange, crème de fraise), sour (cognac, citron vert, une cerise), zéro-heure-trente (liqueur de framboise, cognac, champagne frappé, framboises fraîches), hold-up (cognac, sirop de canne, malibu, jus d'orange et jus de citron), side-car (cognac, Cointreau, jus de citron), amour sanglant (cognac, cherry, vanilla liqueur, blood orange juice), Roméo et Juliette (cognac, Pisang Ambon, Get 31, tonic) sont quelques-unes des recettes que le très sérieux BNIC vous recommande.

Enfin, forme de consommation indirecte, la cuisine* est aussi l'une des manières parmi les plus agréables de consommer cet alcool qui, donc, se mange aussi bien qu'il se boit.

Et puis, à l'occasion, rien ne vous empêche de vous accouder au zinc d'un café, et d'y commander un « petit » cognac (en volume et, évidemment, en qualité) pour accompagner un café charentais (donc à peu près aussi fort qu'un café normand…), et pourquoi pas le verser dans la tasse, encore chaude, à peine vidée, pour exhaler des arômes* de café et de cognac harmonieusement mêlés. Il est des jours où il faut savoir s'encanailler…

Le cognac sait aussi être l'un des ingrédients de nombreux cocktails.

Coupes

Dans la distillation* des vins destinés au cognac, la coupe est l'opération qui consiste à isoler des premières, secondes et dernières coulées, le meilleur de la deuxième chauffe, le « cœur » qui, seul sera conservé pour faire le cognac.
Pour réaliser un assemblage* il faut pratiquer des coupes qui n'ont rien de sombres ou de vives, mais qui n'en sont pas moins singulièrement compliquées et jamais dévoilées au grand jour. Il s'agit de mélanger (le verbe, s'il éclaire le néophyte, fera frémir le professionnel) selon un canevas chiffré : le patron de coupe, les lots d'eaux-de-vie brutes classés par manches* selon leurs qualités gustatives. Ce premier travail prend le nom de coupe première ou précoupe.
Quelque temps de fût (calage) pour acclimater le mélange et contrôler qu'il évolue selon les critères espérés et se profile déjà la deuxième étape. Selon les indications du patron de coupe, on procède cette fois au mélange des coupes premières soit entre elles, soit en y ajoutant d'autres eaux-de-vie. C'est la coupe-mère.
Le stade suivant verra, après un contrôle gustatif et peut-être un autre séjour en fût, de nouveaux mélanges ou fiançailles entre les différentes coupes selon les besoins pour accéder à la dernière étape que sera la coupe finale ou le mariage, réputé définitif.
Yann Fillioux, septième de la génération des maîtres de chais* de la maison Hennessy a défini mieux que personne le processus : « On va dès le départ avoir comme objectif de faire exactement la même chose qu'on a déjà faite. Donc en remélangeant ces cognacs entre eux, à partir du moment où on a le moule, on ne va pas échapper du moule. Au niveau initial, les précoupes sont une partie de l'assemblage final. Le tout, c'est d'être parfaitement « en ligne » à ce stade-là ; si on est en ligne au premier stade, on sera en ligne au stade suivant. On écrit chaque stade sur un morceau de papier, on le réalise à l'échelle, on le goûte, on le compare à ce qu'on a fait précédemment dans le même type.
Si c'est bien dans le type, on réalise l'assemblage prévu ; si ce n'est pas dans le type, on le refait jusqu'à ce qu'il le soit complètement. On assure comme ça la continuité : en étant à chaque stade le plus proche possible de ce que l'on vise ».

Les coupes sont à la base des assemblages.

Crus

Concernant un alcool, la notion même de cru ne peut désigner une catégorie de produits aussi délimitée et personnalisée que s'agissant d'un vin de Bourgogne ou de Bordeaux, par exemple.
La délimitation des crus de cognac est le résultat d'une hiérarchie gustative remontant au XVIIIe siècle, elle-même à l'origine de la délimitation des vignobles. Six crus se partagent la région délimitée du cognac (84 000 ha), depuis que le législateur a officialisé le 1er mai 1909, ce que la tradition avait pérennisé. À l'appui des résultats constatés dans les différents lieux de production, pratiquement en cercles concentriques, tant au niveau de la structure des sols qu'aux caractères spécifiques correspondants des productions obtenues, les acteurs vinicoles avaient défini entre eux les appellations citées par valeur décroissante dans la hiérarchie des crus et en partant du centre : Grande Champagne* (au sud de Cognac et de Jarnac), Petite Champagne* (plus au sud encore), Borderies* (au nord), Fins Bois* (autour et plus au nord), Bons Bois* (tout autour) et enfin Bois Ordinaires (au nord ouest, vers Rochefort et La Rochelle). Il n'est pas courant de voir mentionner ces crus sur les étiquettes des bouteilles, sauf parfois pour Grande Champagne* (ce cru fournissant les eaux-de-vie les plus fines, délicates et bouquetées) et Petite Champagne*, par résonance, surtout pour des étrangers peu avertis et qui pourraient confondre avec un autre vignoble prestigieux.
Dans la pratique, peu de cognacs sont issus d'un seul et même cru, le choix des maîtres de chai* se faisant en fonction des qualités propres aux vins issus de chaque domaine, pour réaliser l'assemblage* donnant le style particulier de la maison pour laquelle ils travaillent.
La notion de cépage* n'entre pas en ligne de compte dans le classement des cognacs (mais seulement, de façon générale, pour la notion d'appellation), celui-ci se faisant d'abord en fonction de la nature du sol, du climat et des caractéristiques des vins obtenus sur un terroir donné.

Carte des six crus composant l'appellation « cognac ».

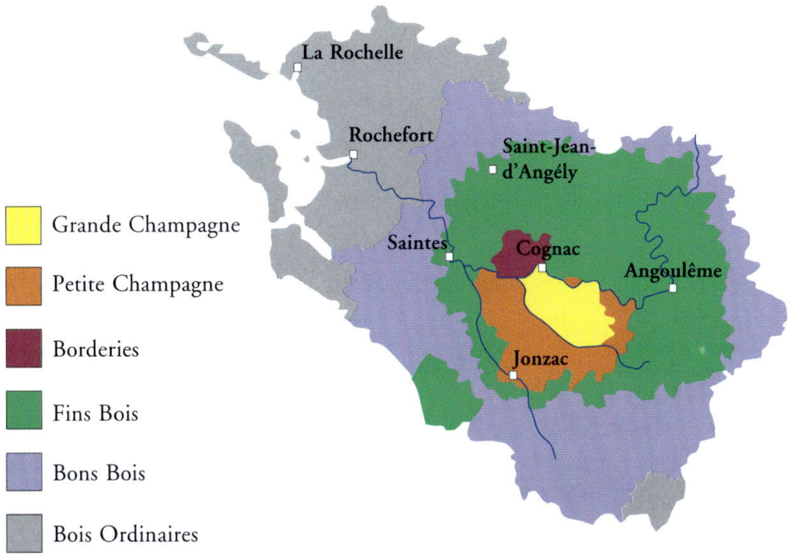

Le cognac entre dans la composition de nombreuses recettes culinaires.

Cuisine

Dans une région dont la réputation repose sur de nombreux produits du terroir, la cuisine ne peut que s'inspirer de ses productions et les travailler au mieux de l'imagination de chefs locaux ou de grandes tables (ce peut être les mêmes), quand elle n'est pas directement issue de la culture culinaire traditionnelle régionale, transmise de mère en fille depuis des générations. Si le beurre (des Charentes*, marque AOC) et les escargots (que l'on appelle ici « cagouilles ») sont deux des piliers de la gastronomie charentaise, le troisième est assurément le cognac (comme l'est en Écosse le whisky). C'est certainement l'alcool le plus utilisé par les chefs comme par les cuisinières du monde entier. On pourrait même craindre que l'ambassadeur principal de la région ne soit mis à toutes les sauces. Les maîtres queux s'en inspirent et l'emploient ainsi largement pour déglacer la poêle d'une fricassée, faire mijoter à petit feu une sauce sous couvercle et concentrer ainsi la richesse de ses arômes*, flamber un poisson ou un gibier ou encore la tarte tout juste sortie du four. Inutile, bien sûr, de prendre (certains diront gâcher) une grande fine pour cela ; mais bon fond ne saurait mentir et le plus modeste des cognacs saura toujours être à la hauteur et relever avec bonheur les saveurs des mets les plus délicats. Cependant certaines maisons ont sélectionné des cognacs spéciaux, plus forts en alcool, à l'intention des grands chefs.

Cuivre

Quand on pénètre dans la mi-ombre d'une cave ou d'une bouillerie, si une lueur accroche le regard, il s'agit le plus souvent du reflet cuivré d'un ustensile, d'un broc, d'un entonnoir, puis, l'œil s'habituant, le chapiteau d'une chaudière révèle le métal rouge.

Dans une distillerie réputée, toutes les ombres ont disparu, mais c'est encore l'éclat rouge des alambics* qui vous accueille et avec quel éclat ! Qui dit alambic* dit cuivre, un cuivre très pur, de surcroît, obtenu par électrolyse. Il doit pouvoir être plané pour en resserrer les pores, augmenter sa résistance mécanique et rendu plus lisse, faciliter son nettoyage. Ce métal présente plusieurs avantages. Sa malléabilité facilite l'élaboration des formes compliquées et très précises. À la chaleur du gaz, sa ductilité favorise une chauffe régulière, évitant de « rimer » (phénomène de cuisson de la lie et qui adhère à la paroi) et il résiste bien à la corrosion, même s'il peut se ternir lorsqu'on ne l'entretient pas. Son rôle est aussi de fixer les acides gras du vin sous forme de « savons de cuivre », ainsi que les produits soufrés qui nuiraient à la qualité de l'eau-de-vie. C'est aussi le catalyseur de réactions complexes entre différents composés du vin. Sous l'action de la chaleur on assiste à une dégradation et à une oxygénation des acides. Avec d'autres

Le cuivre est omniprésent dans la fabrication d'un alambic.

Alcool et cuivre : le mariage de deux ors.

dérivés, ces corps, ni trop volatils ni trop lourds, passent dans le cœur de la bonne chauffe et participent à la qualité du cognac.

Culture

« Il est une contrée où la France
est bacchante,
Où la liqueur de feu
mûrit au grand soleil
Où des volcans éteints
frémit la cendre ardente
Où l'esprit des vins purs
aux laves est pareil. »

(Alfred de Vigny - 15 avril 1852)

Le cognac, célébré en ces mots par le poète, n'est pas un breuvage ordinaire. À la différence d'autres alcools, il n'a pas une origine populaire comme la goutte des campagnes normandes ou le schnaps alsacien, produits de façon ancestrale pour « donner du cœur au ventre » et aider les hommes à supporter les adversités de l'existence dont la moindre n'était pas l'exténuation au travail. Or on ne boit pas du cognac pour oublier (sauf peut-être si l'on est une romancière sur le déclin).

La découverte du cognac est présentée comme une révélation quasi divine ou le fruit du hasard (selon les conceptions métaphysiques de chacun…), ayant coïncidé fort opportunément avec une nécessité économique : celle, à l'origine, de faciliter l'exportation du vin sous une forme concentrée, puis celle d'exporter un produit d'une très grande qualité réalisé par des hommes d'exception pour satisfaire des consommateurs esthètes.

Dès sa naissance, le cognac est donc un produit culturel, un alcool de connaisseurs et d'intellectuels, un nectar de fin de repas à consommer (avec modération, bien sûr) dans l'atmosphère feutrée d'un salon où plane la fumée d'un bon cigare.

Très vite, le nom même du cognac a acquis une réputation internationale, associant des critères culturels très français, dont ceux d'une convivialité citoyenne fondée sur un raffinement festif autant aristocratique que populaire, même si le produit était marqué du sceau du luxe, imprimé plus par la qualité de sa fabrication que par son prix, somme toute abordable pour tout un chacun qui sait être raisonnable sur l'âge du breuvage.

La dégustation d'un cognac – comme celle d'un grand vin – conduit à l'utilisation d'un vocabulaire suggestif et fait appel à un registre sensoriel, qui tous deux, relèvent de l'appréciation d'une œuvre d'art. Poètes et écrivains ne s'y sont point trompés, qui l'ont célébré de leur talent. Pouchkine

et Dostoïevski en parlent, Dickens en fait déguster à son héros, Pickwick. Pendant qu'Alexandre Dumas en commande, Alfred de Vigny en élève et le vend en son manoir du Maine-Giraud. Monsieur de Talleyrand apprend à ses invités l'art de le déguster, Brillat-Savarin lui trouve une place « à la table des hommes de goût ». Le poète François Porché dit « avoir été élevé à la fois dans l'horreur de l'alcoolisme et dans la vénération du cognac » qu'il entend célébrer comme « une liqueur bénie, sacrée, quasi divine (…), un esprit qui couve dans le cep, gonfle la grappe, brille dans le vin (…) et développe tous ces sortilèges ».
Plus proche de nous, Jean d'Ormesson, notre journaliste académicien s'écrit : « Parler du cognac, c'est évoquer un monde de raffinement, une bienséance dans l'art de recevoir… Le cognac, c'est un cortège de convivialité ». Natif du serail puisque Cognaçais, Jean Monnet, le père de l'Europe, analyse dans ses mémoires « La fierté d'appartenir au négoce du cognac (…) tenait plus à la qualité même du produit qu'à sa demande mondiale. Cette demande sanctionnait la qualité. ». Également orfèvre en la matière, Robert Delamain concluait son *Histoire du cognac* par ces mots : « En réalité, le cognac est le résultat d'un concours de circonstances heureuses, toutes exceptionnelles, qui en font une sorte de prodige naturel, un accident, un miracle ». Ce que confirme Maurice Hennessy, autre expert et esthète : « Le cognac est le fruit de l'amour que l'individu porte à sa tâche. Le fruit des hasards de la nature, des circonstances de l'Histoire et de l'avidité des gouvernements ».

Degré

En distillerie, le terme degré a une double signification. C'est d'abord le niveau de température, qui déclenche, entre autres, les volatilisations successives des différents composés du vin. Il s'écrit toujours suivi du C majuscule de centi-

La force d'un cognac se mesure avec un pèse-alcool.

Le degré d'alcool doit être indiqué sur les étiquettes.

Cigare et cognac se dégustent de concert.

grade. C'est ensuite quand il indique le taux d'alcool pur (A.P.) calculé en pourcentage de volume en regard de 100 que l'on parle de la constance du degré. Ce taux s'exprime désormais généralement sous la forme « % vol » sur l'étiquette de la plupart des cognacs.

Dégustation

La dégustation est un miroir à deux faces : d'un côté, l'ensemble des tests visuels, olfactifs et gustatifs réalisés par le maître de chai* sur les différents lots élaborés ; de l'autre l'appréciation du client, véritable juge de paix souvent habitué au goût de « son » cognac et qui en vante avec fierté les mérites comme s'il y était pour quelque chose.

Le maître de chai* se doit d'être attentif à l'évolution de l'alcool au fil des ans. Il doit prendre certaines dispositions en fonction des résultats observés et décider des grandes opérations que sont les coupes* et la mise en bouteille*. En grand professionnel, il aura décelé les qualités et les faiblesses, encourageant les unes, corrigeant les autres. La dégustation du client est beaucoup plus subjective : c'est celle de l'amateur (aux deux sens du terme) avec tous les aléas que cela suppose. Il n'a pas de table supportant une kyrielle d'échantillons avec leurs étiquettes ; pas d'alignements de verres* de dégustation protocolaire, récipients élégants en forme de tulipe ouverte pour mieux dégager les arômes*. Pas même ces étonnants verres dont le bleu intense dérobe à la vue du dégustateur, l'ampleur de la coloration de l'eau-de-vie pour que son palais reste maître du goût sans subir l'influence de la qualité de la robe*. Ce qui compte ici avant tout, c'est la convivialité, celle des fins de repas entre amis, bien calés dans des fauteuils confortables, souvent au coin du feu et avec un bon cigare. Cette dégustation-là, c'est celle « à la française », aimable s'il en est, sans possibilité de comparaison, car on dispose le plus souvent d'une seule bouteille*. Le verre ballon classique, (en cristal de préférence) au creux de la main, on prend tout son temps pour admirer le nectar des dieux, juger de son onctuosité aux larmes et jambes qu'il dessine sur la paroi lorsqu'on l'a fait rouler à l'intérieur du verre. On observe sa transparence en le levant vers la lumière, on apprécie sa couleur ambrée dont la teinte soutenue est jugée, parfois hâtivement, comme un gage d'ancienneté. On le hume plusieurs fois, à petites inspirations et l'on en discute, échangeant sur la robe* et les arômes*. Vient enfin la fête du palais. Une gorgée légère que l'on garde un instant en bouche avant de l'avaler en fermant les yeux. Alors, commencent à se révéler les arômes*, perçus au nez, puis on analyse les saveurs, les notes fruitées montent en bouche et y éclatent comme un feu d'artifice. La langue revient sur le palais pour ne rien perdre du précieux nectar ; on découvre des éclats fugaces de fleurs séchées, des saveurs difficiles à définir quand on n'est pas un spécialiste, sur lesquelles on débat, on discute, on s'oppose, on s'indigne, voire on se moque. Et voici d'autres impressions encore : fraîcheur de pommes vertes, parfum de rose, note de sous-bois musquée, touche d'abricot ou de pêche, soupçon de fruits mûrs, pointe de poivre, d'épices et d'aromates, d'agrumes et de fruits rouges, de noisette ou d'amande. C'est l'épanouissement des fragrances, superbe, qui vous emplit la bouche et se prolonge encore et encore, ode à l'imaginaire, voyage au pays du rêve, des sous-bois et des îles. « Et puis, Monsieur, on pose son verre et on en parle » disait (selon André Castelot) Talleyrand à un diplomate russe qui buvait son cognac comme une vulgaire vodka. La dégustation du cognac est un art, presque une cérémonie, ignoré en maints endroits du globe où pourtant on en boit plus qu'en France. C'est aussi l'expression d'une tradition, très épicurienne, et en même temps le plus bel hommage que l'on puisse rendre aux efforts consentis par toute la profession pour présenter un fin breuvage digne du titre envié de meilleur alcool du monde, reflet incontestable de notre exception culturelle.

Les verres bleus évitent que la robe influence la dégustation.

Larmes et jambes sont des éléments positifs d'appréciation de la qualité d'un cognac.

DISTILLATION

Au cours de la fermentation, le moût a transformé son sucre en alcool sous l'action des levures ces micro-organismes qui font le miracle de nos vins. Toute la question est maintenant de recueillir cet alcool : la distillation va s'en charger.

Dans le moût fermenté on trouve, outre l'alcool éthylique, du glycérol, des acides tartriques et lactiques, des glucoses et des fructoses, des composés de diverses substances et, bien sûr, les 85 % d'eau contenus dans le raisin ! Comme l'alcool a un point d'ébullition plus bas (78,3 °C) que l'eau* (100 °C), il s'évapore donc le premier sous l'action de la chaleur. Il suffit de le récupérer par condensation, débarrassé ainsi des différents autres composants du vin. En Charente*, pour réaliser cette opération, on utilise un imposant appareil, rutilant de cuivre écarlate assorti à l'ocre rouge de la brique qui l'enserre : l'alambic* dit charentais, est appelé aussi « à repasse », car c'est le seul qui permet une double distillation, l'un des secrets du cognac. Le même matériel sert à la fabrication d'autres alcools, celle du calvados AOC en Normandie, où l'on a oublié bien sûr qu'il était charentais. Son énorme cuve, d'une capacité de 3 000 litres, est chauffée aujourd'hui au gaz, à feu vif, dans un four en brique (le bois utilisé autrefois, chauffait moins et demandait plus de manipulations, et le charbon a disparu comme dans tous les appareils de chauffage).

Préchauffé ou non, le moût non filtré est introduit dans la chaudière et porté d'abord au point d'ébullition de l'alcool. Il s'évapore alors dans le chapiteau qui couronne la cuve et dont la forme, étudiée à cet effet, retient et refoule certains esters que l'on désire ne laisser passer qu'avec le cœur de la chauffe*. Sous l'augmentation de la température, il poursuit sa fuite dans un élégant col de cygne aux formes également calibrées et se précipite dans un serpentin réfrigéré où il se met à suer à grosses gouttes (dénomination vulgaire de l'alcool à la campagne) que le distillateur s'empresse de recueillir.

Débarrassé de ses « têtes » (les premiers 10 litres) et de ses « queues » (les derniers 100 litres), ce premier

Dans la fumée des chaudières...

distillat de 750 à 800 litres, un peu trouble, prend le nom de brouillis* et titre de 27 à 30 % vol. Comme rien ne doit ici se perdre, têtes et queues iront généralement rejoindre le vin de la distillation suivante.

Refroidi, le brouillis* va repasser dans la chaudière, associé aux brouillis déjà obtenus précédemment et parcourir une seconde fois, le chemin qu'il connaît déjà. La repasse*, limitée à 2 500 litres, prend le nom de « bonne chauffe », opération qui dure aussi une douzaine d'heures. Le distillateur va devoir effectuer une délicate opération : la coupe (à ne pas confondre avec les coupes* de l'assemblage*) c'est-à-dire écarter les premières vapeurs les plus volatiles, les têtes (1 à 2 % du volume) trop riches en alcool et ester, récolter le cœur*, eau-de-vie claire et limpide, titrant de 68 à 72 % vol – le futur cognac – et réserver le reste, les « secondes », quand l'alcoomètre descend sous les 60 % vol, et les « queues », en dessous de 5 % vol. Têtes et queues seront de la pro-

MAISON MARESTÉ
CONSTRUCTEUR
COGNAC

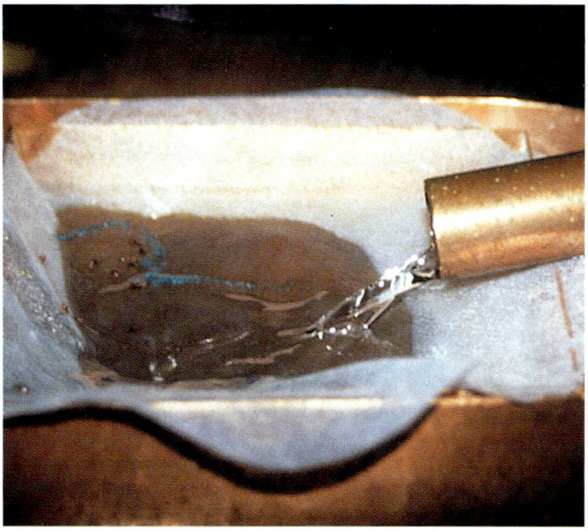

Le recueil du cœur en sortie d'alambic.

Page ci-contre : le contrôle du degré d'alcool, point crucial de la qualité, se fait en sortie même de l'alambic.

chaine chauffe*, les premières étant ajoutées au vin et les secondes, soit au vin soit au brouillis.

Quant aux « secondes », certains les repassent, en mélanges homogènes, sur les brouillis*, d'autres préfèrent les incorporer à la première chauffe*. Ce choix reste à la discrétion du distillateur et en fait souvent sa « marque », à tel point qu'un maître de chai* peut être capable de l'identifier à la simple dégustation* de ses eaux-de-vie.

Le cycle complet d'une distillation s'étend sur 24 heures, d'où la présence d'un lit dans la distillerie. Pour élaborer un bon produit, le processus doit être lent et régulier, comme le coulage du distillat recueilli au bout du serpentin. Il n'est pas question de s'interrompre pour revenir le lendemain !

On parle donc de degré* constant comme d'un des critères de qualité des bons cognacs.

Les produits obtenus ainsi et séparés, serviront à l'éleveur (parfois aussi distillateur) pour effectuer les assemblages* qu'il jugera nécessaires à l'élaboration de « son » cognac, en fonction des critères qu'il recherche. Toutes les distillations doivent être achevées au 31 mars de l'année qui suit la récolte.

Les données chiffrées indiquées ici n'ont, pour beaucoup d'entre elles (celles qui ne relèvent pas de la loi), pas valeur d'exactitude patentée, chaque homme de l'art ayant sa manière et les chiffres qui s'y rapportent. C'est la part de son secret de fabrication.

Alignement des alambics d'une grande distillerie de cognac.

Eau

Parler d'eau au pays du cognac peut paraître paradoxal, voire provocateur. N'oublions pas, pourtant, que le but premier de la fabrication du cognac fut de pouvoir reconstituer avec de l'eau, en un autre lieu, le vin que l'on aurait, en quelque sorte, concentré et réduit en alcool par la distillation*. L'objectif était, d'une part, de lui permettre de voyager sans se détériorer, et d'autre part, d'abaisser le coût du transport en réduisant le volume. On notera qu'aujourd'hui, plusieurs grandes maisons axent leur publicité sur la consommation de leur produit allongé d'eau, comme on le faisait au temps où la fine à l'eau était encore à la mode. Pour combattre les effets d'une surproduction inquiétante, certaines ont même réalisé des cuvées spéciales à cet effet. « Fine à l'eau, le retour » pourrait être le leitmotiv de la profession.

Qui dit cognac dit aussi Charente*, et le cours d'eau a longtemps été indispensable au transport de l'alcool. Baignée par l'Océan qui lui apporte toute la pluie dont ont besoin ses vignes, la région alimente le fleuve à son échelle (ce n'est pas l'Amazone !) avec tranquillité et régularité.

Tournée vers l'ouest la côte a, de tout temps, offert aux coureurs des mers l'abri de ses îles et le havre de ses ports. Il n'est donc pas étonnant que soient venus de loin, en hardis navigateurs, Vikings du Nord, Arabes du Sud ou négociants d'Angleterre ou du Nouveau Monde.

Le chemin de halage rappelle qu'autrefois les gabares remontaient la Charente à la force des bras et des bêtes.

À l'origine, beaucoup venaient ici chercher du sel, produit par l'évaporation de l'eau de l'Océan. D'autres ne tardèrent pas à s'intéresser au vin et comme celui-ci voyageait mal, ils imaginèrent de le réduire en alcool. L'eau-de-vie des Charentes* justifie bien son nom en faisant vivre aujourd'hui encore 55 % de sa population rurale active soit 22 000 Charentais.

Environnement

Quand on se promène sur les quais de la Charente*, dans la bonne ville de Cognac* et que l'on jette un regard sur l'aspect un peu négligé des entrepôts aux murs noircis qui la bordent, on pourrait trouver que l'extérieur est bien sale et dégradé au regard des trésors sans doute enfermés dans ces chais*. Un Charentais vous dira que c'est normal. Il ne parlera pas de pollution (pas de gros mots) mais vous entretiendra de la part des anges* (nécessaire et indispensable), c'est-à-dire de l'évaporation qui s'échappe des trésors laissant au passage quelques traces sur les murs (on n'ose penser à la couleur des ailes de ces anges là). Apparemment contraire à toute logique, l'argument est cependant

Entrepôts sur les bords de la Charente.

La part des anges laisse des traces sur les volets et les façades.

L'industrie du cognac est aujourd'hui non-polluante ; le caractère poissonneux de la Charente en témoigne.

pertinent. Un minuscule champignon se nourrit en effet des vapeurs du cognac et prolifère là où elles s'échappent. On ne sera pas surpris qu'à ce régime, il soit... noir. Le *torula compagniencis*, pour l'appeler par son nom, est ici perçu, à peine comme une nuisance. D'autres émissions, générées elles par la distillation* des vins, pourraient, en revanche, être considérées comme une menace plus sérieuse pour l'environnement si des solutions rigoureuses n'y étaient apportées.

Un moût distillé n'est allégé que de 10 % de sa matière. Les 90 % restants constituent un résidu au nom évocateur : la vinasse. Important polluant potentiel en raison de sa forte teneur en matières organiques oxydables, avides d'oxygène, elle peut provoquer des déséquilibres notables du milieu aquatique en l'appauvrissant en oxygène. Aujourd'hui, la vinasse est apurée à 99 % par différents traitements (aérobies et anaérobies) étroitement contrôlés. Les déchets sont même valorisés. La profession a mis en place une unité de méthanisation qui permet la production d'énergie vapeur et électrique. Les boues résiduelles, enfin, constituent un excellent engrais.

Esprit de cognac

Seul a droit à l'appellation contrôlée esprit de cognac le produit destiné exclusivement à la préparation des vins mousseux et pétillants. Il est obtenu en faisant subir une troisième repasse* à une eau-de-vie d'appellation contrôlée cognac, cette opération ne pouvant s'effectuer qu'à l'aide de l'appareil de distillation* bénéficiant du label alambic* charentais par décret du 11 mars 1938, article 1. L'article 2, prévoyant le degré*, a été modifié par un autre décret du 3 octobre 1957 qui l'autorise entre 80 et 85 % vol. Le fait de réduire de l'esprit de cognac distillé à 85 % vol avec du cognac, est considéré comme une fraude.

Fine

Si de nos jours les garçons de café des Grands Boulevards parisiens s'entendent commander à longueur de journée un alcool fort d'origine écossaise, ceux des années 1950 (leurs proches ancêtres) se voyaient régulièrement encore réclamer une fine à l'eau : heureux temps où le meilleur de nos alcools (posé sur des glaçons et allongé d'un peu d'eau gazeuse) constituait aussi le plus prestigieux des apéritifs.
Mais qu'est-ce donc qu'une fine ? D'après la loi du 20 février 1928 ce terme, synonyme de qualité, est exclusivement réservé aux eaux-de-vie ayant droit à une appellation d'origine viticole (c'est le cas du cognac) ou cidricole (par exemple le calvados).
La loi spécifie que les spiritueux génériques (exemple le brandy) ne peuvent bénéficier de ce qualificatif.
Ce texte, jugé trop général par les agents de la répression des fraudes, se trouva précisé par une circulaire ministérielle du 30 mars 1928 stipulant que le terme de fine devrait désormais toujours être suivi « d'une appellation géographique viticole ou cidricole suffisamment connue ».
Dans la pratique, le terme fine désigne une eau-de-vie d'appellation d'origine contrôlée cognac. Tout cognac serait donc, en soi, une fine. Eh bien non, car pour accéder à l'appellation fine, suivie de sa dénomination géographique spécifique, un cognac doit présenter des eaux-de-vie provenant d'un seul et même cru. C'est ainsi qu'une Grande Fine Champagne indiquera un cognac AOC Grande Champagne*, c'est-à-

La Fine Champagne V.S.O.P. Hennessy : un grand succès à l'exportation (ici une bouteille destinée au Japon).

Le *folle blanche* était autrefois le cépage dominant pour la production du cognac.

dire assemblé avec des eaux-de-vie issues exclusivement de Grande Champagne*, région prestigieuse, productrice des premiers crus de cognac. De la même façon, une fine Fins Bois est un cognac AOC assemblé avec 100 % de Fins Bois.*
L'AOC Fine Champagne désigne un cognac assemblé avec des seules eaux-de-vie de Petite et de Grande Champagne*, à raison de 50 % minimum de cette dernière (décret du 13 janvier 1938).

Folle blanche

Proche parent du *folle noire* que l'on trouve en Dordogne, le cépage *folle blanche* fut longtemps considéré comme donnant les cognacs les plus expressifs et donc les plus originaux. Il était prédominant avant d'être décimé par le phylloxéra*. Bien que se greffant sans difficulté sur les ceps américains, on lui a préféré depuis l'*ugni blanc**, moins prolifique et donc moins sensible à la pourriture.

Gabare

Autrefois navigable mais déjà peu profonde, la Charente* servait de principale voie pour le transport du sel de la côte vers l'intérieur des terres. C'est peut-être à cause du sel donc, que le bateau utilisé pour cela fut baptisé gabare, du nom de l'impôt qui frappait le sel, la trop célèbre gabelle.

La navigabilité toute relative du fleuve supposait l'utilisation d'une embarcation à faible tirant d'eau et donc de préférence à fond plat, capable, cependant d'embarquer des charges significatives. Devant être halée pour remonter le courant, il fallait aussi qu'elle soit légère. Nantie d'un mât inclinable pour passer sous les ponts et d'une voile (pour redescendre le fleuve), on l'a vu sur la Charente* bien après la naissance de la vapeur.

Chargeant à Tonnay-Charente sel, blé ou fourrures d'importation d'Europe du Nord ou du Canada, les gabares remontaient la Charente* au pas des bœufs qui les halaient par Saintes, Cognac*, Jarnac*, ports fluviaux où le sel était souvent troqué contre des fûts de vin ou d'eau-de-vie destinés au reste du pays ou à l'étranger. Parvenues à Angoulême et chargées cette fois de pierres de taille des carrières ou de merrains de chêne des forêts du Limousin, quand ce n'était pas de poudre ou de canons destinés à l'armement de l'arsenal de Rochefort, elles descendaient le fleuve au fil du courant et des ports où elles avaient fait escale en montant, y prenant au passage les tonneaux et les caisses destinés à l'exportation et qu'attendaient les navires à Tonnay-Charente ou à La Rochelle.

Transport peu rapide bien sûr mais stable (évitant les chaos de routes épouvantables), fiable, pratique et peu onéreux, la gabare convenait bien à la mentalité du Charentais : « J'havons l'temps », la phrase typique du patois qui semble bien justifier le surnom de cagouillard ou de cagouille (escargot) donné souvent aux Angoumois. La tranquillité du fleuve et la lenteur majestueuse de son cours y seraient-ils pour quelque chose ?

Les gabares possédaient un mât abattant pour pouvoir passer sous les ponts.

Vignoble de Grande Champagne.

Grande Champagne

On trouve pour la première fois mention de la Grande Champagne en 1713 dans des textes protestataires au sujet de taxes jugées, bien sûr, prohibitives. La Grande Champagne était donc déjà une entité reconnue, mais aucun livre d'histoire ni de géographie n'en fait état, pas plus que les registres administratifs ou paroissiaux (il en est de même pour les autres crus). Sa dénomination distinctive d'alors repose seulement sur la production d'eaux-de-vie de

La Grande Champagne à « livre ouvert ».

Cognac Grande Champagne.

qualité supérieure dans une région de « champs » (*campania* dans un acte de 1259), par opposition aux bois environnants. Le qualificatif correspond à la qualité de production et non à la surface exploitée.

La Grande Champagne, située au cœur même de la zone de production – elle a pour capitale Segonzac –, couvre 12 400 ha sur un sol très riche en craie, donc très bien drainé, d'où est issu, après une lente distillation, un cognac tout de finesse, d'élégance et de richesse.

Inventaire

Le cognac est un produit vivant qui évolue au fil des ans, en fonction du bois des tonneaux. Chaque année, l'évaporation – la part des anges*– ampute chaque fût d'une quantité non négligeable de son précieux contenu. Chaque année donc, il faut d'une part remettre à niveau le tonneau pour limiter l'appétit des anges et, d'autre part, connaître les quantités effectives que recèlent les chais*. Dans les grandes maisons, une brigade d'inventaire est chargée de cette tâche. Il s'agit de noter, non seulement la quantité, qui seule intéresse la Régie – c'est le recollement –, mais aussi de déguster pour contrôler la qualité et l'évolution de plus d'un millier de pièces d'eau-de-vie par exemple. Ainsi, chez Hennessy :

L'inventaire doit être consigné avec soin.

L'inventaire dans les chais conduit à déplacer les barriques à l'aide du poulain (deux longs brancards en bois).

« l'inventaire dure 5 mois, de mai à septembre. C'est l'œuvre du maître de chai* et de son équipe ; ils contrôlent et garantissent la qualité et la constance du produit ; ils dégustent chacune des eaux-de-vie en stock : soit en moyenne 36 échantillons par séance, deux à cinq fois la semaine. »
Le temps passé à ces inventaires est un investissement primordial. Il permet au maître de chai* et à ses collaborateurs de suivre au plus près l'évolution qualitative tant des lots d'eaux-de-vie brutes (n'ayant subi aucune coupe* depuis leur sortie d'alambic*) que de ceux en cours d'assemblage* ou de ceux déjà assemblés et qui vieillissent paisiblement. La connaissance des flaveurs (odeur + arôme* + saveur)

L'analyse des eaux-de-vie est une étape incontournable de l'inventaire.

et leurs comparaisons leur seront très utiles lors de l'élaboration des futures créations. Ainsi ces renseignements viendront-ils enrichir les archives gustatives de la maison, infirmer ou conforter les résultats antérieurs au profit et du maître de chai* qui les recueille, et de ceux qui prendront sa relève.

Jarnac

Jarnac est célèbre à deux titres : pour le fameux – et peu orthodoxe – coup d'épée de son baron, Guy Ier Chabot et pour avoir vu naître François Mitterrand. C'est lors du duel qui l'opposa à François de Vivonne en 1547, à Saint-Germain-en-Laye, en présence d'Henri II et de sa cour, que l'intrépide baron de Jarnac trancha le jarret de son adversaire d'un coup à la limite de la régularité. Cette botte, peut-être involontaire, fut particulièrement efficace puisqu'elle entraîna la mort de son adversaire et passa à la postérité pour désigner une action inattendue mais décisive, plus ou moins régulière. Est-ce pour avoir baigné dans le souvenir du célèbre coup que François Mitterrand acquit ses redoutables talents de bretteur politique ? Ceux qui en cultive le souvenir iront au musée de la Donation que le président a doté des nombreux cadeaux qu'il a reçu du monde entier durant ses deux mandatures.

Jarnac : l'autre grande ville du cognac.

Yann Fillioux maître de chai de la maison Hennessy.

Mais Jarnac est aussi le « deuxième pays du cognac » même si la ville a cette fois manqué son « coup » en ne parvenant pas à associer plus directement son nom au célèbre alcool. On trouve pourtant ici quelques-unes des plus grandes distilleries et maisons de négoce, dont les chais* s'alignent sur la rive droite de la Charente*.

Maître de chai

Porter le titre envié de maître a toujours suscité déférence et respect. La sémantique du mot elle-même incline à la reconnaissance d'une supériorité. Art, école, droit, artisanat, musique, université sont des branches qui distinguent ainsi leurs élites. En viticulture, pas de maître en chaire, mais un maître en… « chai ».

Qui est cet homme, quel est son rôle ? C'est avant tout quelqu'un d'expérience, presque obligatoirement issu du « cognac ». Il a une connaissance approfondie de tous les éléments qui forment le domaine où il exerce ses compétences, qui vont du sol de la vigne au plafond des nuages avec, pour livre de chevet, les archives de la maison. Il doit avoir assez de mémoire pour se souvenir que, peut-être, bien avant lui, tel assemblage* avait atteint le but recherché une année et pas une autre. Il lui faut savoir quelle sera la courbe d'évolution de l'eau-de-vie de telle parcelle dans des conditions climatiques données, depuis la floraison de la vigne jusqu'au stockage dans les fûts d'un chai*. Mais le maître de chai est aussi un homme de pouvoir et surtout un homme de décision qui, s'il prend la peine de consulter ses collaborateurs, de parler avec ses vignerons, de disserter sur le bois des fûts avec ses tonneliers ne recule jamais devant ses responsabilités et les assume entièrement lorsqu'il s'agit de décider d'un assemblage*. La confiance que lui accordent ses patrons est totale ; une confiance qui se mesure à l'aune des

Manche

Ce sont des eaux-de-vie sélectionnées dès leur sortie de l'alambic pour leurs qualités gustatives traditionnelles caractéristiques de leur provenance. Contrôlées, elles seront regroupées en lots distincts selon les nuances florales, fruitées, boisées ou épicées qu'elles présentent. Elles serviront de base aux premiers assemblages* en fonction des indications portées sur le patron de coupe.

sommes mises en jeu. Il existe bien une connivence et une délégation de pouvoir entre celui qui a la responsabilité finale des ventes (le trader) et celui qui a la charge de la production (le blender), c'est-à-dire le maître de chai et donc maître de l'assemblage*. Cette saga à deux branches est illustrée par la collaboration, depuis 1800, de sept générations de Fillioux chez Hennessy, binôme constamment renouvelé depuis plus de deux siècles. Car ce métier ne s'apprend pas dans les livres et pas totalement à l'école : on est maître de chai de père en fils parce qu'on trempe (son nez) tout petit dans le cognac, en suivant son père au travail, sans même s'en apercevoir, préformé sur le tas, invité à respirer les odeurs, à sentir les arômes* à l'âge ou d'autres sucent encore des bonbons.

Maurice Hennessy, ambassadeur de la marque.

Menu charentais

Pour faire saliver vos papilles, composons un déjeuner typiquement charentais. En apéritif, le pineau* s'impose à moins qu'un jeune cognac sur glaçons ou en long drink, ces nombreux cocktails rafraîchissants qui ont remplacé l'ancienne fine à l'eau, n'ait votre préférence si la température est estivale. Une douzaine d'huîtres de Marennes avec un vin blanc des Charentes* pour commencer, suivie d'un sandre cuit à la vapeur au jus de pineau* ou d'une croutille d'escargots au beurre de cognac. On continuera avec, soit un suprême de perdreau à la Fine Champagne, soit une côte de veau de Chalais au pineau* et morilles, à moins que vous ne préfériez le très typique jaud (jeune coq) au pineau*. Nous vous laissons le choix du vin rouge.

Ne négligeons pas les fromages et terminons par la tarte au chocolat, subtilement parfumée au cognac ou celle aux pommes, théâtralement flambée. Un bon café et pour finir en apothéose, une vénérable vieille Fine Champagne (de derrière les fagots), une bouteille* sans âge puisque sans étiquette mais… « qui dé ben dater du père… qui nous a quitté y'a ben pas loin de… ».

MÉTIERS DU COGNAC

Maître de chai au travail.

Dans la pyramide des métiers du cognac, celui de négociant (trader) se situe au sommet. Cela ne signifie pas qu'il est le plus important – car ils sont tous solidaires, puisque faisant partie d'une même chaîne – mais qu'il intervient en dernier. Il est le découvreur de clients, celui qui détecte, attire, traite et surtout vend. Cette fonction est souvent adjointe à celle de distillateur-éleveur et même pour certains, de vigneron-propriétaire-récoltant, des appellations qui, elles, ne sont pas soumises à contrôle d'origine. Le propriétaire d'une vigne peut ne pas la cultiver, s'il le fait, il devient récoltant. Le vigneron, lui, cultive cette vigne, et est de facto récoltant même s'il n'en est pas propriétaire.

Le métier de distillateur est spécifique. C'est celui qui, propriétaire d'un alambic* à repasse dit charentais, référencé sous numéro aux « indirectes », a obtenu le droit de bouillir ou de brûler, en fait, de distiller du vin de la région délimitée d'appellation cognac. S'il a récolté ce vin il est distillateur-récoltant pour cette eau-de-vie et simplement distillateur pour des vins qui lui viendront d'ailleurs mais toujours, obligatoirement, de la région délimitée cognac.

On parle aussi de bouilleur ou de bouilleur de cru, une légère nuance les différenciant au niveau des droits.

Être éleveur en viticulture c'est faire grandir, ou élever les eaux-de-vie (ou le vin dans d'autres régions), c'est-à-dire les conserver en les faisant vieillir, entourées des soins qu'elles requièrent. Le maître de chai*, également maître en assemblage*, est l'exemple le plus accompli de l'éleveur.

Les soins attentifs du vigneron participent aussi à la qualité du cognac.

Enfin, le négociant, comme nous l'avons déjà dit, est celui qui reste en contact avec l'homme économiquement le plus important : le client. Les plus grandes maisons de cognac, même si elles contrôlent la plupart des opérations qui président à l'élaboration du produit, sont des maisons de commerce, ayant à leur

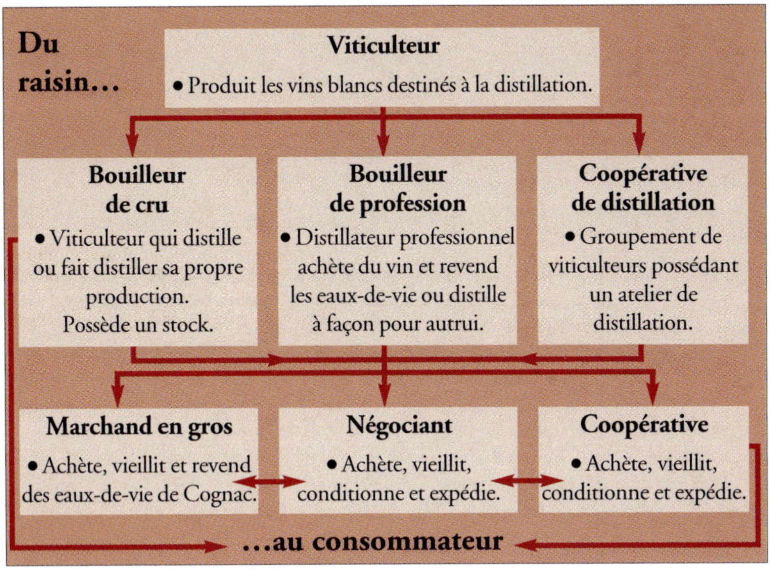

tête des chefs d'entreprise qui sont avant tout négociants, souvent depuis des générations. Les réseaux commerciaux qu'ils ont tissés au fil des ans et des péripéties de l'histoire, ont assuré à leurs eaux-de-vie des débouchés mondiaux et ont fait du cognac, l'alcool le meilleur et le plus connu au monde.

Les métiers liés au cognac

Si, pour les distillateurs et les entreprises de négoce, le nombre d'employés est estimé à 3 000 personnes, les métiers annexes de la circonscription consulaire de Cognac se répartissent de la façon suivante :

Année	**2000/2001**	**1999/2000**
Tonnellerie	783	516
Verrerie	573	679
Bouchage	110	73
Cartonnerie et Imprimerie	910	1 040
Courtiers et Chaudronniers	516	435
Transitaires, Transports, Assurances	407	377
Protection, Environnement	26	28
Interprofession et Laboratoires œnologiques	95	122

Pour la « Région Délimitée », le nombre d'emplois peut être évalué à 3 000.
On compte environ 8 000 exploitations produisant du vin blanc des Charentes donnant droit à l'appellation cognac.
Si l'on ajoute les conjoints des exploitants et les salariés permanents, on atteint le chiffre de 15 000 personnes travaillant dans la viticulture et se consacrant à l'activité du cognac.
Au total ce sont près de 22 000 personnes qui travaillent pour la production, l'élaboration et la commercialisation du cognac.
Si l'on inclut les personnes dépendantes de ces actifs, ce sont 55 000 habitants qui vivent du produit sur moins de 900 000 qui peuplent la région.
(Source : B.N.I.C. 2001)

Millésimes

Au pays du cognac, il est peu dans les habitudes de porter la date d'un produit du terroir sur son étiquette. On se contente généralement d'indications parcellaires plus ou moins ésotériques, qu'il faut savoir interpréter en fonction du sigle qui est délivré : V.O. (*very old*), V.S.O.P. (*very superior old pale*), Vieille Réserve indiquant en principe des produits dont la plus jeune eau-de-vie vient au moins du compte 4, Extra, Napoléon, Vieille Réserve, X.O. (pour *extra old*) au moins d'un compte 6. Comment ne pas évoquer aussi ces désignations, acceptées par la profession, mais qui ne sont pas exemptes d'une certaine fantaisie : Rare & Délicate ; Cordon Bleu ; Très belle ; Très Vieille ; Vénérable ; Sélection des Anges ; Réserve ; Ancestrale ; Antique ; Triomphe et Family Reserve relèvent, par exemple, de choix individuels des marques qui trouvent ainsi le moyen et l'occasion de distinguer certains de leurs produits. Il faut y voir avant tout des démarches commerciales.

À noter aussi que les désignations officielles (V.S.O.P., X.O., etc.) qui ne constituent qu'un engagement minimum du temps passé en fût ont, dans certaines marques une équivalence de durée bien supérieure (Chez Otard, par exemple, Napoléon veut dire 15 ans, X.O. 35 ans et Extra 50 à 60 ans). Apposer une année, c'est pour le producteur se priver de tout un pan de possibilités pour constituer un assemblage*, surtout pour une grande maison qui peut disposer d'une gamme étendue de réserves. Faute de faire figurer la date de mise en bouteille (recommandé par la profession) c'est aussi une information plus ou moins contestable, puisqu'une bouteille trentenaire peut très bien contenir un cognac n'ayant passé que 5 ans en fût et « arrêté » dans son évolution lorsqu'il aura été mis en flacon.

Depuis 1988 et l'autorisation de faire vieillir séparément et sous contrôle rigoureux des datations précises des lots d'eaux-de-vie brutes, les petits propriétaires-récoltants-distillateurs, qui commercialisent leur production sous leur propre marque, ont mis sur le marché des cognacs millésimés, affirmant ainsi leur volonté de réveiller l'offre et de se distinguer des grandes marques traditionnelles, dont certaines dorment un peu sur les lauriers d'une réputation établie de longue date. Ne pouvant disposer d'une diversité de choix étendue, ces producteurs favorisent une qualité « cousue main » dans l'élevage, le vieillissement* et le stockage de leurs produits. Ils prétendent, même parfois avec audace, à une originalité susceptible, sinon de bousculer la hiérarchie du marché, à tout le moins, de la stimuler.

Napoléon

Partout où se sont portés ses pas et même en des lieux où il n'a jamais mis les pieds, Napoléon a laissé trace de son épopée. S'est-il arrêté en Charente* pour mériter (à moins que ce ne soit l'inverse) de figurer sur autant de bouteilles de cognac ? Il s'y arrêta semble-t-il deux fois seulement, en 1808 à Rochefort et à l'île d'Aix, pour une inspection, puis après Waterloo, en 1815, juste avant de se « confier » aux Anglais. C'est en cette triste occasion, peut-être pour lui remonter le moral, que son fournisseur attitré lui aurait, dit-on, fait parvenir une cargaison de cognac, espérant peut-être un départ vers le Nouveau Monde (puisqu'on prêtait ce dessein à l'empereur déchu). La cargaison tomba en fait aux mains des

L'ILLUSTRATION
Depuis 1765
le COGNAC HENNESSY
porte à travers le monde le renom
du COGNAC
HENNESSY
13.2.37
II. 1806 - " Encore une goutte de cognac, messieurs, et la victoire est à nous."

Anglais qui la baptisèrent, telle une prise de guerre, « le cognac de Napoléon ». L'événement ouvrit les portes de Londres à ce négociant qui s'appelait Emmanuel Courvoisier.

Tout au long de son règne, l'Empereur s'était heurté à l'Angleterre et, ce faisant, il n'avait pas facilité la tâche des Charentais. Le blocus continental lui avait paru l'arme capable de terrasser l'économie britannique. Le marché du cognac en eut fort à souffrir, nos voisins et alors ennemis étant de longue date, des clients attitrés et fidèles du commerce charentais, que ce fut pour le sel, le vin ou le cognac. Quant à la consommation intérieure, même si la cour impériale passait commande ainsi que quelques hauts dignitaires, les maréchaux n'avaient guère le temps de

Une bouteille de cognac Napoléon : l'appellation désigne un cognac au minimum de compte 6.

L'Empereur, peu de temps avant son ultime passage à Rochefort.

Rochefort : Napoléon y séjourna avant son départ pour l'île d'Aix, en juillet 1815.

savourer le précieux nectar dans leurs résidences, occupés qu'ils étaient à courir l'Europe.

La paix revenue sous la Restauration permit de relancer le négoce et d'ouvrir une période faste pour Cognac et sa région. L'avènement du second Empire (celui du neveu, du Prince-Président, un temps fugitif en Angleterre, puis prisonnier au fort de Ham) fut, cette fois un véritable « âge d'or » pour le cognac. Les fastes de la cour et le tourbillon des crinolines aimaient à se mirer dans la « liqueur des Dieux » comme la nommait le « père Hugo » en la dégustant depuis son exil de Guernesey.

Mais c'est surtout à la diplomatie que le cognac est redevable. La signature d'un traité de libre-échange avec l'Angleterre transforma la face du monde pour les négociants charentais. Hélas, la chute de l'empire sous la botte prussienne et surtout la perfide attaque du phylloxéra* replongèrent la région dans les soucis.

Entre temps, comme une reconnaissance à la famille, notre négociant pour orner les étiquettes de ses bouteilles*, avait adopté l'effigie célèbre et le nom immortel. Toute la profession suivit, gardant le patronyme pour qualifier un cognac d'un âge (compte 6) et d'une qualité dignes de la mémoire du grand homme au petit chapeau.

Noblesse et clergé

La région du cognac qui couvre les trois anciennes provinces de l'Aunis, de la Saintonge et de l'Angoumois est parsemée de châteaux bien qu'à la différence du Bordelais (où souvent, les châteaux n'en sont pas vraiment), il n'en soit pas fait état sur les étiquettes.

En France, qui dit château, dit presque toujours noblesse, plus ou moins récente, plus ou moins authentique.

La noblesse a joué un rôle important dans la réputation du cognac (ici le château de La Rochefoucauld).

Et ce coin de France n'en manque pas. Devenu définitivement français au XIIIe siècle, le territoire des Charentes*, habitué qu'il était aux cours princières, attira en ses fiefs nombre de blasons d'illustre noblesse qui formèrent cours et souches. Il en demeure à ce jour. À partir du XVIIe siècle, le cognac étant noble produit, il n'était point déchoir que de faire brûler et valoir le fruit de ses terres. De plus, c'était de bon rapport, hors les interventions intempestives des employés des « aydes » lesquels prenaient grand peine et « fort dévouement » à récolter des taxes que nos grands seigneurs, arguant de leur naissance et de leurs privilèges, refusaient tout net d'acquitter. Défendues par de grands noms – La Rochefoucauld, Polignac, Rohan-Chabot – suppliques et requêtes, paraphées de plus de cent nobles signatures, remontaient à la cour du roi.

Moines et curés avaient aussi leurs alambics* et n'étaient pas plus enclins à régler quelque dû que ce fût aux services fiscaux de l'époque, arguant eux, que le service de Dieu exemptait tout autant que le rang de naissance.

Noblesse et clergé participèrent donc directement à la réputation du cognac, dont ils surent faire

Si les moines se sont moins intéressés à l'alcool qu'aux vins, les abbayes (ici celle de La Rochefoucauld) ont participé à la réussite du cognac.

valoir les mérites gustatifs aux grands d'un monde qui n'allait pas tarder à s'écrouler sans préjudice, pourtant, pour l'avenir de l'alcool charentais.

Part des anges

Tous les jours, les vapeurs de l'alcool contenu dans les tonneaux des chais* s'envolent dans l'atmosphère. Si elles partent ainsi c'est qu'elles ont des ailes ont pensé l'enfant et le poète, et comme on ne peut les voir, c'est en somme… la « part des anges », ces êtres bienheureux qui, dans le ciel, ne se contentent donc pas de nous surveiller. Ainsi s'expliquent sans doute certaines absences et bien des désordres sur terre. Cette « part » n'est pas négligeable et représente quelque 20 millions de bouteilles* par an, soit l'équivalent de la consommation française ! À se demander si les anges volent toujours droit ?

Pourrait-on empêcher cette évaporation qu'on ne le ferait pas, tant elle est indispensable au vieillissement* du cognac même si elle allège les stocks* de 2 à 3 % et noircit les murs des chais*. Plus ceux-ci sont ventilés et plus il flotte dans l'air de Cognac*, Jarnac * et autres lieux où repose le divin élixir, de bien curieux effluves propres à vous faire succomber et céder à la tentation. Votre ange gardien serait bien infondé à vous faire des reproches ! Reste que la part des anges coûte cher puisqu'il faut bien combler le vide créé chaque année par l'évaporation, avec une eau-de-vie identique ou d'âge et de terroir différents. C'est l'occasion pour le maître de chai*, de corriger son assemblage* en fonction de l'évolution du cognac.

La part des anges monte au ciel dans la pénombre des chais.

La craie de la Petite Champagne, plus grossière que celle de Grande Champagne.

Petite Champagne

Avec 16 000 ha exploités, cette Champagne qui cerne sa grande sœur au sud-ouest et au sud-est, plus importante en superficie que celle-ci, donne un cognac aux notes florales et fruitées plus affirmées, qui vient souvent taquiner, sous le label Fine Champagne la perfection de la « Grande ». On les utilise souvent dans les assemblages* pour leur personnalité. Le calcaire, un peu moins présent, et des expositions plus variées peuvent expliquer le caractère légèrement différent de ses eaux-de-vie.

Phylloxéra

Aucun historique du vignoble français ne peut faire l'impasse sur ce sujet et se dispenser de l'évoquer.
Sans doute introduite accidentellement par des plants de

Phylloxera vastatrix, parasite catastrophe pour tout le vignoble français à la fin du XIXe siècle.

vigne américains, la maladie attaque dès 1872, dans les Charentes*, aux environs de Chérac et de… Cognac*.

Ce minuscule puceron ravageur *phylloxera vastatrix* et sournois s'attaque à la racine du cep, hors d'atteinte de tout traitement. Il devient vite le cauchemar de toute la profession. Devant l'impuissance constatée à enrayer sa prolifération, on se résout à la solution ultime : l'arrachage de la vigne. Des 280 000 ha qui en 1870 en faisaient le plus grand vignoble de France, il chute à 50 000 ha à peine en 1894.

La parade est cependant trouvée : greffer sur des souches ou porte-greffes américains immunisés, des variétés de *vitis vinifera.* En 1880, une première tentative échoue, les porte-greffes ne supportant pas le calcaire. Il fallut l'envoi en Amérique de la mission Viala, financée par les Charentais, pour trouver enfin des souches adaptées.

Ce système, même s'il diminue la longévité du plan, lui assure cependant une meilleure résistance aux maladies, sans préjudice pour la qualité du raisin dont les variétés antérieurement cultivées sur pied peuvent désormais être greffées. C'est à cette époque que l'*ugni blanc** remplace massivement les cépages* anciens de *colombard** et surtout de *folle blanche**, (ce dernier trop sensible à la pourriture grise du fait d'un rendement trop généreux). L'*ugni blanc** présente aussi l'avantage d'avoir un départ de végétation plus tardif, ce qui l'exempte mieux des gelées de printemps.

La greffage sur des plants d'origine américaine reste de rigueur.

On a obtenu de nouveaux ceps sains et vigoureux à partir des porte-greffes américains résistants au phylloxéra.

Ces années troublées, où chacun pour survivre s'autorise ce qu'il veut, voient fleurir toutes sortes de contrefaçons tant sur le produit que sur son appellation. Les conséquences en furent désastreuses pour toute la profession qui fut ébranlée par une paradoxale mévente, une défiance justifiée gangrenant le marché. Les sévères réglementations* que nous connaissons aujourd'hui remontent, pour la plupart, à cette époque. Elles ont rendu la confiance au client en assainissant la profession, ce qui sauva l'avenir.

Pineau

Les Charentais ont décidément beaucoup de chance. Tout comme le cognac, qui aurait été découvert fortuitement, le pineau serait le fruit d'un heureux hasard. La légende veut qu'en 1589 un vigneron charentais versa par mégarde du moût de raisin dans un fût contenant de l'eau-de-vie (que l'on n'appelait pas encore du cognac). Il oublia le fût dans le chai* de son seigneur qui, quelques années plus tard, eu besoin du tonneau pour loger une récolte trop abondante. Il eut alors la divine surprise : celui-ci contenait un merveilleux breuvage, limpide, coloré d'or, au goût suave et néanmoins charpenté. Née du hasard, la recette sera perfectionnée, institutionnalisée et reproduite avec fidélité par des générations de vignerons, utilisant, pour le pineau blanc, les mêmes cépages* que pour le moût servant à la distillation* du cognac, les cépages* *cabernet, sauvignon, franc, merlot* et *malbec* servant, eux, à l'élaboration du pineau rosé.

L'esprit de l'AOC est fondé sur la délimitation d'une aire géographique de production, le décret d'appellation régissant les condi-

Pineau blanc et pineau rosé.

La vignoble charentais ne sert pas seulement à l'élaboration du cognac : il est aussi à la base de la production du pineau.

tions d'élaboration du produit. Le pineau des Charentes doit respecter des règles strictes sur le rendement, les cépages* autorisés, la densité de plantation, le mode de conduite, le taux de sucre de la vendange, le titre alcoométrique du vin élaboré, la vinification*. Le respect de ces règles permet de préserver la personnalité propre et la qualité de l'appellation. Une commission formée par l'INAO et le syndicat de l'appellation contrôle les échantillons de vin et accorde ou ajourne l'agrément des produits testés. Seuls ceux agréés peuvent être commercialisés sous l'appellation Pineau des Charentes, accordée par décret le 12 octobre 1945 (modifié en 1998), aux seuls vins produits sur l'aire de production de la Charente, de la Charente Maritime et sur deux enclaves en Dordogne et dans les Deux-Sèvres.

Le rancio : un arôme caractéristique des très vieux cognacs.

Les pineaux (blanc et rosé) sont le résultat d'un assemblage* – ou mutage – en barriques de chêne de 3/4 de moût de raisin frais et d'1/4 de cognac âgé d'un an et ne titrant pas plus de 16 à 22 %, l'ajout de l'alcool arrêtant net la fermentation du moût. Le moût de raisin – résultant d'un pressurage léger – et le cognac doivent provenir exclusivement de la même exploitation. La maturité des raisins doit être parfaite pour garder la richesse naturelle du jus, qui doit contenir au moins 170 g de sucre par litre, soit 10 % en puissance d'alcool, la chaptalisation étant strictement interdite.

La récolte annuelle est de l'ordre de 100 000 hl (soit plus de 12 millions de bouteilles dont près du quart est exporté, prioritairement chez les Belges, grands amateurs de pineau et de vins des Charentes depuis fort longtemps) se répartissant pratiquement à parts égales entre blanc et rosé avec un léger avantage pour le premier.

Les pineaux vieux doivent avoir au moins 5 ans de fût, les extra-vieux 10 ans.

La profession est organisée depuis 1949 dans le cadre du Comité national du pineau des Charentes (CNPC).

Rancio

S'il existe des termes spécifiques au cognac, « rancio » est bien de ceux là. Le mot évoque la saveur âcre et le goût de moisi que prennent, en vieillissant les substances grasses, le beurre en particulier. Or ce qui serait, chez un beurre un défaut majeur, le rendant impropre à la consommation, devient, pour un cognac un atout et la marque d'un vénérable alcool. La chose prend encore de la noblesse quand l'œnologue vous dira que c'est un élément « organoleptique », autrement dit un composé aromatique que l'on décèle, au nez et au palais, chez les vieux cognacs de plus de 15 ans d'âge. Plutôt que de parler de goût rance, il vous dira qu'il y a une pointe de sous-bois là-dedans, de champignon, avec un soupçon de noix et de raisin sec (la chose est tout de même plus belle ainsi). Le chimiste, lui, vous apprendra plus prosaïquement que le rancio est dû à une molécule (cétone) résultant de la combinaison des acides gras du vin avec le tanin et la lignine du chêne des fûts. La capillarité du bois mettant en présence l'oxygène de l'air et les composés chimiques des eaux-de-vie (oxydation), les acides de base se décomposent, en particulier l'acide laurique (très présent dans les eaux-de-vie jeunes) en laurate d'éthyle qui, isolé, présente une odeur caractéristique de rance. Au cours du vieillissement*, cette substance se mélange à d'autres cétones issues d'autres acides gras oxydés et se trouve ainsi fortement corrigée. Associé aux fragrances typiques développées par les cognacs de son âge, il donne cet arôme* singulier qu'un dégustateur chevronné vous détaillera en raisin sec (« passerillé », vous dira le spécialiste pour être plus exact), abricot confit sur fond de vanille concentrée avec un doigt de vieux porto et une noisette de beurre... des Charentes*, bien sûr. Plus simplement, les vieux vous diront que « tout ça, c'est la nature ! ».

Reconversion

Les chiffres généraux du négoce du cognac, entre surfaces, production, ventes et stocks* (soit 3,3 millions d'hectolitres en 2002) ont fait prendre conscience à la profession tout entière que des mesures s'imposaient et qu'il fallait passer aux actes. Un ambitieux programme de reconversion du vignoble charentais propose de replanter 7 000 ha du vignoble aujourd'hui en *ugni blanc**, (sur 80 000 ha) par un encépagement propre à produire du

Le *merlot* fait partie des cépages rouges réintroduits pour la production de vins des Charentes.

Le cépage *sauvignon* a été réintroduit dans le cadre de la reconversion des vignobles vers le vin des Charentes.

« vin de pays » d'ici 2006. L'opération a pris un nom : VPC 2006, les trois lettres ne signifiant pas vente par correspondance mais vin, pineau, cognac, un trio d'avenir, et que certains traduisent déjà par vin du pays charentais, ce n'est peut-être pas un hasard.

On se souviendra qu'avant la « trouvaille » du cognac, le pays produisait beaucoup de vin, que des flottes entières venaient chercher pour le distribuer de la Hollande aux pays scandinaves et même de la Baltique au Canada. Ils ornèrent même un temps, la table des cours de France et d'Angleterre.

Sachant que 55 000 à 60 000 ha suffiraient amplement à la production du cognac, les chambres d'agriculture des deux Charentes* et les partenaires institutionnels réunis, ont décidé d'appuyer l'interprofession « cognac » sur ce plan de reconversion, avec le soutien financier de l'État.

La production de vins blancs de qualité est un objectif de l'opération VPC 2006.

Jeunes plants de vigne pour la reconversion.

Sur les 15 000 000 hl de la production française de vin de pays, les Charentes* n'apportent à ce jour que 100 000 hl. Ses vignerons devront prouver qu'ils savent toujours produire des vins de qualité. C'est ce créneau qui est visé et les deux chambres consulaires agricoles des Charentes* mettent en place les actions de promotion dont est chargé un Comité pour la diversification. Il doit proposer ainsi aux viticulteurs les différentes possibilités qui s'offrent à eux – se reconvertir en vin de pays, se diversifier vers le pineau*, arracher les ceps de façon temporaire ou définitive – et les informer des aides dont ils peuvent bénéficier.

Déjà on replante en blanc (*sauvignon* et *chardonnay*) et en rouge (*merlot*, *cabernet-sauvignon*, *gamay*, *cabernet-franc*). L'avenir dira si l'opération aboutit, mais il est certain qu'une volonté commune anime la profession et son savoir-faire est le meilleur garant de sa réussite.

Réduction

Quand on met de l'eau* dans son vin, il est convenu de comprendre qu'on devient plus « coulant ». Au sens littéral de l'expression, Napoléon* coupait d'eau*, son Chambertin, comme du reste nombre de ses contemporains, l'habitude de boire le vin pur n'étant pas si ancienne que cela. Le vocabulaire du cognac comporte des nuances. Si une eau-de-vie est coupée, elle ne le sera jamais d'eau* mais d'une ou plusieurs autres eaux-de-vie. Ajouter de l'eau* à un cognac en dehors de sa consommation, c'est le réduire. En fait, c'est abaisser son degré alcoolique jusqu'aux 40 % vol (minimum obligé) que l'on voit sur les étiquettes. Ce niveau peut être atteint naturellement (brut de fût) mais au bout de 50 ans au mieux. Une réduction, (tout à fait légale et traditionnelle) est donc imposée pour les produits n'ayant pas atteint ce grand âge. L'opération s'effectue avec le plus grand soin. Un premier mélange de cognac additionné d'eau* déminéralisée, est obtenu ; il titre 27 % vol ; c'est le « faible » ou « petite eau » qui aura reposé quelque temps avant d'être à son tour incorporé délicatement dans le fût à réduire. Là encore, l'opération peut être fractionnée jusqu'à l'obtention du degré recherché.

Une autre occasion de réduire l'eau-de-vie avec de l'eau* très pure est la dégustation* des futurs

La réduction vise à abaisser la force de l'alccol.

cognacs dans leur prime jeunesse (de la sortie de l'alambic* au compte d'âge* 3). Les nécessités de la dégustation* sont alors prioritaires. L'alcool, dans la vigueur de sa jeunesse, est trop présent au nez et au palais et masque les arômes* naissants. L'eau limpide et l'alcool naissant qui sort de l'alambic* ne présentent à première vue aucune différence et si la réduction est effectuée très délicatement c'est un liquide tout aussi incolore qui permettra à des professionnels seulement, de déceler à ce stade, les caractéristiques primaires des produits qui seront l'avenir de la maison.

Alcool ou eau pure ? On est fondé à se poser la question à la sortie de l'alambic. Ce n'est qu'au fil des ans, au cours de subtils échanges entre le chêne et l'alcool, que ce dernier prendra la couleur ambrée caractéristique des vieux cognacs. À ce stade, il faut être un grand professionnel pour pouvoir pronostiquer ce que seront les qualités d'un futur grand cognac.

Réglementation

S'il est reconnu comme le meilleur alcool au monde, le cognac est sans doute aussi le plus réglementé, et ce, à tous les stades de son élaboration, à commencer par son lieu de production. Le cognac ne peut en effet être issu que de vins produits sur une commune répertoriée dans l'aire de l'un des six crus* reconnus, formant l'appellation cognac (décret du 1er mai 1909 modifié le 13 janvier 1938).

Les cépages*, tous blancs, doivent correspondre à ceux fixés par décret du 15 mai 1936 modifié le 11 mai 1971, dans des proportions précises : en principal (90 %) *ugni blanc**, *folle blanche**, *colombard**, et en appoint (10 %), *blanc ramé* (*meslier saint-françois*), *jurançon*, *montils*, *sémillon*, *sélect* (décret du 13 janvier 1938 modifié). En revanche, la taille est libre.

Les dates de vendanges (qui peuvent être mécaniques ou manuelles) sont fixées par arrêté préfectoral. Le pressoir à vis d'Archimède de même que l'ajout de sucre, ou chaptalisation sont interdits par le décret du 15 mai 1936 modifié.

La distillation* doit impérativement être achevée le 31 mars. La capacité de la chaudière, toujours en cuivre* rouge, est de 3 000 l et ne doit contenir que 2 500 l pour la seconde passe. Bien sûr, chaque litre d'alcool, produit exclusivement en repasse* dans un alambic* charentais, est consigné avec sa date pour le compte d'âge* (arrêté du 20 février 1946). L'administration le laisse ensuite vieillir en paix, dans des fûts (de chêne* exclusivement), sauf s'il venait à l'idée de quelqu'un de lui faire quitter le chai* et d'arriver sur le marché avant ses trente

La réglementation autorise que la vendange soit manuelle (page de gauche) ou mécanique (ci-dessous).

La repasse – ou double distillation – est l'un des secrets du cognac. L'alambic charentais est conçu à cet effet.

mois. Une telle démarche serait passible de la répression des fraudes suivant l'arrêté en date du 20 février 1947. Un tel cognac ne pourrait d'ailleurs obtenir l'acquit* jaune d'or, véritable carte d'identité – aujourd'hui informatisée, mais comportant toujours un liseré jaune – plus détaillée que la nôtre, lui permettant, seul, de se déplacer (loi du 4 août 1929 et article 474 du code général des impôts).

Enfin, pour être commercialisé, le cognac doit titrer réellement 40 % vol (sauf à de très rares exceptions pour de très vieux cognacs) inscrits sur l'étiquette, où doit figurer aussi le sigle conforme à la réglementation interprofessionnelle permettant de connaître l'âge de la plus jeune eau-de-vie entrant dans son assemblage* (décision du 23 août 1983 du commissaire du gouvernement près le Bureau national interprofessionnel du cognac, le BNIC*).

L'identité de son cru* n'est pas obligatoire sauf à utiliser le terme fine*, placé avant le nom de référence (Fine Fins Bois, Grande Fine Champagne) pour spécifier que les eaux-de-vie de ce cognac proviennent uniquement des crus mentionnés.

Attention ! l'appellation Fine Champagne, sans qualificatif de Grande* ou de Petite*, indique un cognac assemblé d'eaux-de-vie en provenance de Grande Champagne* pour, au minimum 50 %, le reste venant exclusivement de Petite Champagne*.

Repasse

La spécificité du cognac – et d'un certain nombre d'autres alcools utilisant le même alambic* – est la double distillation*, qui voit repasser l'alcool dans le même appareil. La première distillation* du vin permet d'obtenir le brouillis*, alcool faible puisqu'il ne titre que 27 à 30 % vol, niveau très insuffisant pour un alcool puissant. La deuxième chauffe, appelée « bonne chauffe » donnera un alcool titrant plus du double. Le début de la distillation la « tête » et la fin « la queue » éliminés, on a le cœur, base de ce qui deviendra un grand cognac, si, comme pour les hommes, on sait bien l'élever, c'est-à-dire le porter à son plus haut niveau.

Robe

Le cognac qui vient de naître au cœur de l'hiver, sort transparent de l'alambic* dans la chaleur fumante d'une bouillerie charentaise. Il « pèse » 70 % vol. Le distillateur l'a logé dans un fût de chêne* tout neuf. Jeune alcool et

Belle robe brun ambré d'un vieux cognac.

La robe d'un cognac est l'un des arguments des produits de qualité.

jeune bois vont échanger. Celui-ci, va se gorger d'alcool et l'eau-de-vie va commencer à se teinter de jaune pâle. Ce tête-à-tête avec le bois va durer au minimum 3 ans. Après tout ce temps l'alcool a à peine perdu de sa force et titre encore 65 % vol, mais il s'est déjà paré d'une belle robe d'or. On l'a changé de barrique pour un fût d'expérience, déjà roux, qui a communiqué ses premiers tanins à une autre eau-de-vie. Notre alcool est encore très jeune et fougueux. Reprise à 10 années, et titrant encore 59 % vol, cette eau-de-vie est devenue un beau « brin de fine ». L'or de sa robe a vieilli et s'est légèrement ambré de la lente oxydation des tanins secondaires, les plus profonds, ceux du cœur du bois. En bouche, la jolie fille est fondante, souple et ronde.

À 15 ans, c'est le bel âge, ce cognac titre désormais 55 % vol. La robe est d'ambre, aux reflets bruns. Au nez et en bouche, on découvre un inconnu jusqu'alors : le rancio*.

À 25 ans et malgré une forte diminution de volume (les anges* ont prélevé leur part : la moitié de la barrique), notre Grande Fine Champagne titre encore 50 % vol et s'habille d'une robe d'acajou nuancée de fauve. Car il faut encore prendre des précautions pour l'aborder.

Après un demi-siècle, il fait encore 42 % vol. C'est un cognac vénérable, à la robe profonde, très vieil or, avec des reflets rouge feu quand la lumière les allume. Larmes et jambes sur la paroi du verre* témoignent d'une forte viscosité que lui prodiguent alcools et glycérols, preuves de son grand âge. Le nez est à son faîte.

Notre alcool ira abriter sa robe et ses arômes* dans une bouteille* ou une dame-jeanne pour traverser les siècles si on ne la déshabille pas avant avec volupté.

Évolution de la robe d'un cognac.

JAS HENNESSY & CO
Cognac France
Hennessy
COGNAC
FINE
de
COGNAC
QUALITE RARE
JAS HENNESSY & CO
Cognac France
40%vol
e70cl

Sécurité

La fabrication de l'eau-de-vie a été, dès ses débuts, contrariée par la menace des incendies qu'elle faisait redouter. La production d'alcool fut longtemps limitée dans les villes.

Bordeaux a résolu très tôt le problème par une interdiction pure et simple « de faire ou de faire faire aucune eau ardente dans la ville ». Pendant l'année 1514, Paris voit se constituer la corporation des sauciers-limonadiers-vinaigriers-distillateurs, dont ces derniers se séparent en 1537 pour créer leur propre corporation, tant sont différents et spécifiques les intérêts de leur profession. Hormis le danger d'incendie qui justifiait à lui seul le droit de visite, un rudimentaire contrôle du produit fabriqué était ainsi opéré. La présence des foyers pour chauffer le vin à proximité immédiate de l'alcool récolté exigeait des précautions particulières, notamment de se trouver près d'un cours d'eau au double usage : fournir l'eau*, de toute façon nécessaire, et permettre l'évacuation des résidus de la distillation* que sont les vinasses.

Dans les fermes charentaises, la bouillerie, bien qu'attenante aux bâtiments, se trouve à leur toute extrémité (en Normandie, du fait des colombages, elle s'en trouve exclue).

De nos jours, où la sécurité est devenue une priorité, des règles draconiennes ont été édictées. Dans les grosses distilleries, des équipes de sécurité, formées spécialement et dotées d'un matériel performant, doivent pouvoir intervenir dans les plus brefs délais. Au niveau de la

Compte tenu du mode de vieillissement du cognac, les stocks d'alcool en barriques sont toujours importants.

prévention (normes des installations, interdiction de fumer) et de la protection (matériaux classés anti-feu, détecteurs et exutoires de fumées, compartimentage), tous les progrès possibles ont été réalisés ; il en est de même dans les chais*. Personne ne veut voir ses stocks* partir en fumée ; il suffit bien de la part des anges* ! L'équipement de lutte contre les incendies de la société Hennessy, par exemple, correspond à celui d'une petite ville.

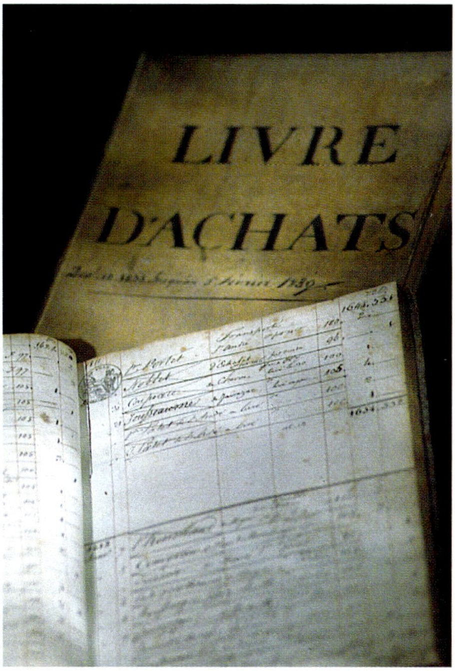

Depuis toujours, la gestion des stocks suppose une comptabilité précise.

Stocks

La quantité d'eau-de-vie de la région « délimitée cognac », actuellement stockée en fût dans les chais* (en 2000), se monte à 3 300 000 hl d'alcool pur, soit le chiffre très impressionnant de 1,18 milliard de bouteilles*, ce qui ne représente pourtant pas plus de 7 ans et demi d'expédition, évaporation comprise.

La récolte totale de vins blancs de cognac s'est élevée pour l'année 2000 à 8 147 641 hl vol dont un tiers, seulement, conformément à la réglementation* en vigueur, a été distillé, soit 324 716 hectolitres d'alcool pur (hl/AP).

Les stocks de cognac

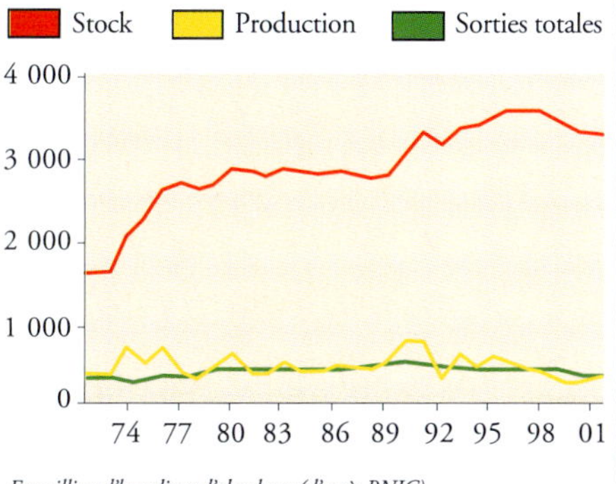

En milliers d'hectolitres d'alcool pur (d'après BNIC)

Thérapie

Une des toutes premières qualités reconnues à l'eau-de-vie tient à sa dénomination même puisqu'elle est censée encourager la vie. Les Anciens lui attribuaient des vertus presque surnaturelles, impressionnés qu'ils étaient déjà par le procédé mystérieux, quasiment alchimique, de sa fabrication.

Arnaud de Villeneuve, dans l'étude scientifique qu'il lui consacre vers 1250, justifie le terme d'*aqua vitae*. Lulle, théologien et philosophe catalan, l'appelle « liqueur divine » vers 1300, la considérant comme un don de Dieu. D'autres, incrédules et méfiants devant ce liquide aussi clair que l'eau* mais qui s'enflamme au contact du feu, parlèrent d'eau de feu, bien sûr, réalisant à leur insu, un des plus beaux raccourcis didactiques. Cette « eau ardente » leur semblait relever de la sorcellerie. Au XVe siècle, après quelques études plus approfondies, on lui découvre des vertus contre les douleurs, les yeux qui pleurent, la mauvaise haleine, les plaies qui suppurent, les morsures du froid et des « bestes » venimeuses sans oublier, bien sûr, les maladies incurables. L'eau-de-vie devient une médecine, un vrai médicament que l'on prend à plaisir maintenant que son goût s'est amélioré de plantes aromatiques. Liebault la recommande pour les maux d'« estomach » en 1573.

Sur les navires, c'est un remède très prisé (mais sûrement moins efficace que les oignons et le citron) des équipages contre le scorbut. Plus près de nous,

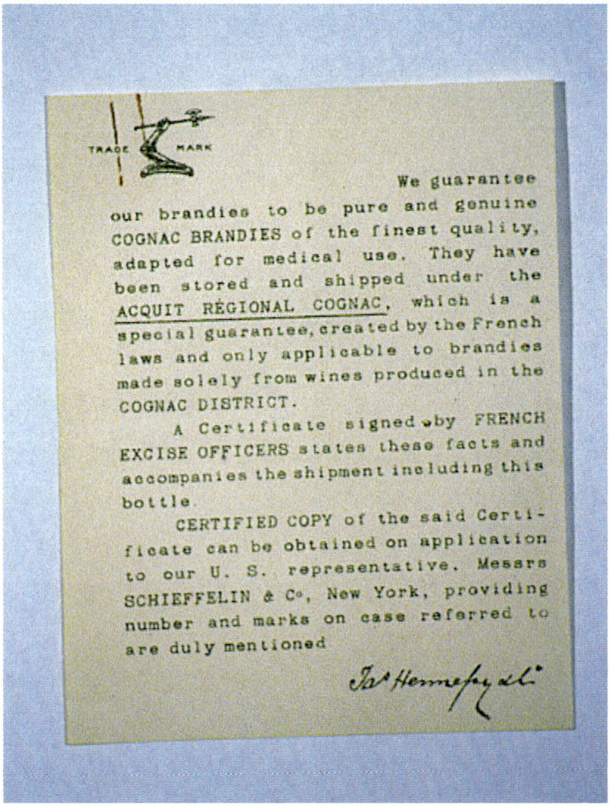

TRADE MARK

We guarantee our brandies to be pure and genuine COGNAC BRANDIES of the finest quality, adapted for medical use. They have been stored and shipped under the ACQUIT RÉGIONAL COGNAC, which is a special guarantee, created by the French laws and only applicable to brandies made solely from wines produced in the COGNAC DISTRICT.

A Certificate signed by FRENCH EXCISE OFFICERS states these facts and accompanies the shipment including this bottle.

CERTIFIED COPY of the said Certificate can be obtained on application to our U. S. representative, Messrs SCHIEFFELIN & C°, New York, providing number and marks on case referred to are duly mentioned

Certificat attestant les vertus thérapeutiques du cognac et permettant sa commercialisation pendant la période de la Prohibition aux États-Unis.

Publicité australienne présentant en 1930 le cognac comme un… médicament.

réputé combattre la gangrène, le cognac a souvent servi de désinfectant pour les plaies quand il n'était pas utilisé à une asepsie toute relative des instruments de chirurgie de campagne ou pour ranimer le patient évanoui d'« effarement » ! En 1832, c'est un précieux auxiliaire pour combattre l'épidémie de choléra qui sévit à Londres comme à Paris. À cette époque, le cognac est considéré comme un reconstituant. Dans les pays asiatiques et en Chine notamment, on a observé, en 1910, une accélération des ventes à la suite d'une campagne publicitaire vantant ses qualités virilisantes. Aux États-Unis, pendant la Prohibition, (1919-1933), un négociant avisé, pour sauver son marché, affuble son cognac de l'adjectif « médicinal » et réussit à continuer ses exportations. Le médecin anglais Charles Russ le recommande contre les maladies fébriles : grippe, pneumonie, état fiévreux. On lui reconnaît des vertus stimulantes et de régulateur cardiaque et l'on ira même le recommander aux sportifs comme « aliment calorique et énergétique nécessaire à l'effort musculaire ». Il est vrai que c'est un produit on ne peut plus naturel, issu du raisin, transformé sans adjuvant d'aucune sorte mais avec un maximum d'attention et d'exigence, certifié et garanti plus que tout autre. Un tel produit ne peut qu'être bon pour la santé si on sait le consommer avec la modération qu'il convient.

TONNELLERIE

Pline affirme que ce sont les Gaulois qui firent découvrir aux Romains (puis aux Barbares) les vertus des tonneaux, auxquels les envahisseurs préféraient jusqu'alors les amphores pour conserver le vin et l'huile. N'en appréciant surtout que la commodité pour le transport, ils ne découvrirent pas le rôle magique du bois dans la maturation et le vieillissement des vins et des eaux-de-vie, grâce aux subtils échanges entre tanins et alcool, et le rôle majeur de l'évaporation et de l'oxydation que seul le bois rendait possible. Le tonneau de chêne* est donc indissolublement lié à la vinification et à la production des eaux-de-vie, même si la cuve rutilante en Inox tend à envahir les caves les plus prestigieuses des grandes régions vinicoles françaises. Pour le cognac : c'est toujours le chêne* qui règne en maître, même s'il est aujourd'hui parfois difficile de trouver les bons artisans pour transformer en tonneaux les merrains (douelles brutes) issus des forêts du Limousin ou du Tronçais plantées sous Colbert. Certaines grandes maisons ont trouvé la solution en produisant elles-mêmes leurs barriques dans leur propre tonnellerie, voire en achetant la forêt pour s'assurer des meilleurs arbres.

Feu et lumière : atmosphère trouble d'une tonnellerie.

Le savoir-faire d'un tonnelier force l'admiration et a quelque chose de merveilleux, mariage du feu et du bois éveillant des réminiscences au plus profond de soi.

Une tonnellerie est un vaste bâtiment entouré de piles de merrain et de douelle, fruits du travail du merrandier, premier métier de la tonnellerie. Croisés en carré, les bois s'offrent là plusieurs années de séchage pour perdre amertume et verdeur de leurs tanins. À l'entrée, l'impression d'être au seuil d'une forge vous saisit : battement des maillets, lueurs dansantes de chaque foyer à demi camouflé dans le cœur d'un tonneau en ébauche, c'est Vulcain au pays de Bacchus ! Ici, tout est fait main, la machine est bannie (sauf peut-être pour la mise en forme des cercles). Le bois est fendu dans le sens du fil, d'un geste sec et précis, jamais scié pour ne pas altérer la porosité idéale du grain. Asse, plane, herminette, doloire (d'où le nom de dolage qui caractérise ces opérations) : ces outils, qui faisaient autrefois partie de la panoplie des charpentiers et des menuisiers, sont ici encore d'actualité. Puis vient l'assemblage et la mise en forme des douelles, dans un univers étrange, dans une lumière chargée d'ombres, de vapeurs et de fumées et d'où se dégage un fumet de bois brûlé, mais bien différent de l'odeur d'un feu de bois. Ce n'est pas un vacarme qui frappe les oreilles mais la cadence des maillets sur les douelles pour le bâtissage (le cœur du métier de tonnelier), bruit qui vous prive d'une part des explications de votre guide, façon peut-être de garder des secrets qui ne regardent pas le profane. En tendant l'oreille vous apprendrez pourtant que c'est le feu des copeaux du fond des tonneaux en devenir qui permet de cintrer sans les briser, les douelles, planches numérotées mises en « rose » (l'image est jolie qui transforme les douelles en pétales), pour ébaucher la barrique. Constamment humidifiées, elles acceptent sous l'effet de la flamme, de se courber à la volonté du tonnelier pour finir ceinturées de métal et de châtaignier. Pas de colle, pas de clou, la seule pression des cercles sur les douelles doit suffire à maintenir cet assemblage de précision qui devra garantir une étanchéité parfaite. L'intensité du brûlage (le bousinage) détermine des saveurs épicées ou fumées qui n'échapperont pas au palais du maître de chai* quand il viendra déguster l'eau-de-vie qui y aura été logée (d'aucuns se plaindront d'ailleurs d'un brûlage excessif très à la mode outre-Atlantique).

Universellement reconnue pour sa qualité, la tonnellerie charentaise est la meilleure du monde.

L'asse à rogner, outil spécifique du tonnelier sert à chanfreiner l'extrémité des douelles.

Le bousinage permet de cintrer à volonté les douelles et participe aux arômes du cognac.

La possibilité d'expédier des bouteilles de verre par caisses (ici avec les encouragements de la chanteuse Lili Pons en 1935) a conforté le succès de l'exportation du cognac.

Ugni blanc

Aussi appelé Saint-Émilion des Charentes, en raison de son origine bordelaise, l'*ugni blanc* est aujourd'hui le cépage* de la région de production du cognac. Tout en opposant une bonne résistance aux maladies, il est moins sensible aux sournoises gelées de printemps car sa végétation démarre assez tard. C'est un raisin ayant deux qualités principales : un taux d'acidité important et une forte proportion de levures qui accélèrent la fermentation du moût. Il donne en Charente* un vin de faible degré (8 % vol en moyenne) qui participe à l'équilibre alcoolique de la double distillation* et concourt à élaborer un cognac expressif (les années très ensoleillées, où le vin atteint spontanément 12 % vol sont considérées comme donnant de piètres cognacs).
Depuis la crise du phylloxéra*, l'*ugni blanc* a peu à peu supplanté le *folle blanche**, plus rétif au greffage sur les ceps américains.

Verre

La mise en bouteille* du cognac remonte au début du XIXe siècle, mais elle n'était alors effectuée que pour quelques clients prestigieux. Jusqu'aux années 1860, l'eau-de-vie des Charentes* ne voyageait principalement qu'en fût.
Le conditionnement en bouteille* fut une petite révolution. Certains, l'âme bien trempée dans la tradition du terroir, le refusèrent, arguant qu'à la différence du vin, l'alcool cesse de vieillir lorsque le verre devient son contenant et ce, de façon hermétique. Tel on l'y mettait, tel il en ressortait ; ce qui était vrai et le demeure. Mais le but recherché était plus complexe. D'abord, et c'est le bon côté de la chose, le négociant connaît ainsi le niveau de qualité auquel il a arrêté son alcool ; il peut donc le garantir, argument toujours sensible pour le client. La possibilité de voir le produit constitue un autre argument de poids. Ce n'est plus un fût plus ou moins patiné, censé contenir le « nectar

L'*ugni blanc* est devenu le cépage très dominant dans le vin qui est à la base du cognac.

Depuis 1894, les bouteilles de cognac peuvent être produites mécaniquement grâce à l'invention de Claude Boucher, verrier à Cognac.

des Dieux », mais des flacons qui accueillent le cognac, leur transparence révélant l'ambre doré du roi des alcools et chaque étiquette assurant la publicité de la marque que les acheteurs ne manqueront pas de montrer fièrement à leurs amis en les honorant d'une dégustation* de la dive bouteille*. L'impact commercial et publicitaire n'est pas anodin. C'est ainsi que le sapin et le carton des caisses et boîtes d'expédition des bouteilles* a remplacé le chêne* des fûts sur les voies commerciales, faisant naître fabriques, cartonneries, imprimeries, et bien sûr verreries.

À l'ombre des chais* où le chêne* continue d'abriter la lente maturation du cognac jusqu'à la décision du maître des lieux de le révéler au clair d'un flacon, se trouve, un endroit réservé aux eaux-de-vie les plus anciennes : le « paradis », sanctuaire où des barriques mais aussi des bonbonnes, pourraient porter témoignage du siècle écoulé et sans doute au-delà. Les bonbonnes en verre, contenant 25 litres d'eaux-de-vie protègent des cognacs de plus d'un demi-siècle qui, si on les laissait en barrique, y perdraient le reste de leur bouquet et de leur alcool, sans que l'on puisse même les utiliser encore pour arrondir des eaux-de-vie un peu plus jeunes et les aider à vieillir. Le verre est la protection de ces « chefs-d'œuvre en péril ». Mais comme le nom de bonbonne paraissait trop commun pour protéger ces « vénérables », les Charentais les ont appelées dames-jeannes, un peu comme des dames de compagnie qui veilleraient elles-mêmes sur leurs vieux jours.

Vieillissement

La tradition veut que ce soit la découverte de fûts, « oubliés » quelques années sur un quai (d'autres vous parleront d'un tonneau, égaré au fond d'une cave d'un chevalier de La Croix Maron) vers 1620, qui révéla la bonification prise au fil du temps par l'eau-de-vie de Cognac dans le chêne* des tonneaux. Cet oubli mit en valeur un goût et des arômes* que

Après avoir vieilli en fût, le cognac rejoint des dames-jeanne.

Le vieillissement peut se prolonger très longtemps en fûts.

la consommation, jusqu'alors pratiquement immédiate de l'alcool, n'avait jamais permis de découvrir ni d'apprécier.

Pour des raisons financières facilement compréhensibles, l'alcool, sitôt produit, était commercialisé le plus rapidement possible. Le conserver ne serait venu à l'idée d'aucun Charentais digne de ce nom ! Le fruit du hasard révolutionna le négoce.

Si l'eau-de-vie peut se conserver, la constitution de stocks* va permettre de réguler le marché tant en quantité (pour les années de moindres récoltes), qu'en qualité (pour celles de récoltes médiocres). Il ne suffira plus de produire uniquement pour vendre, mais bien aussi pour conserver, donc pour faire vieillir. Or, à vieillir en fût, le produit s'améliore et acquiert une plus-value. Les Charentais comprirent que de cette façon ils le vendraient aussi plus cher. Étant gens à ne pas dédaigner le profit, mais aussi à aimer le travail bien fait, ils en profitèrent pour améliorer la qualité, réalisant de savants assemblages* en mariant selon des règles aussi complexes que secrètes, les différences de leur production. La connaissance des vertus du tonneau en bois est récente. Chaptal lui-même, au tout début du XIXe siècle ne montre pas un enthousiasme délirant pour la conservation en fût, dont il décrie les variations de contenance appelant à une réforme des poids et mesures qui tarde à s'imposer (et n'arrivera finalement jamais en tonnellerie). On parviendra cependant par comprendre comment les pores du chêne* des forêts du Limousin dont étaient faits les fûts, ser-

Le paradis, un espace réservé aux plus vieux cognacs dans le chai.

Au sortir du tonneau, le cognac a pris sa belle robe ambrée.

vaient d'échangeurs entre l'eau-de-vie et l'oxygène de l'air. On se rendra compte que cet échange, en faisant baisser le degré* d'alcool, était la base du vieillissement et de la bonification du produit ; les éleveurs acceptèrent donc plus facilement les 2 à 3 % d'évaporation annuelle inhérente au phénomène qui constitue la part des anges* ! Tout cela aide aussi à supporter la caractéristique teinte des façades des maisons abritant des chais*, qui s'assombrissent par la faute d'un champignon microscopique (*torula compniacencis*) nourri aux vapeurs d'alcool. Pour lui aussi l'avenir est assuré !

Vinification

Comme le cognac s'élabore par distillation* du vin issu des cépages* blancs à 90 % d'*ugni blanc**, il est bon de connaître comment se fait ce vin, sitôt la ven-

La taille fait partie des gestes qui assurent une production de qualité en vue de la vinification.

dange effectuée, de façon mécanique en majorité aujourd'hui en Charente*.
C'est une vinification en blanc, classique de raisins très sains avec leurs rafles, (tiges qui soutiennent la grappe et les grains). Elle doit être rapide, sans maturation, pour éviter toute oxydation, ce qui fait dire que l'on ne distille pas vraiment un vin mais plutôt un moût, ou, au minimum, un vin très jeune. L'utilisation de pressoirs pneumatiques ou horizontaux à faible pression garantit un bon éclatement des peaux et, surtout, évite l'écrasement des pépins. C'est pour cela que la réglementation* interdit le pressoir en continu (vis d'Archimède). Aucun ajout de soufre (sulfitage) ou de sucre (chaptalisation) n'est toléré, le produit restant ainsi naturel. Pour le clarifier, le procédé de décantation l'est aussi, par simple gravitation durant quelques heures. Ainsi débarrassé de ses « bourbes » (ensemble des déchets solides), le « jus » clarifié sera stocké dans des cuves en Inox où il pourra fermenter complètement avec des conditions d'hygiène optimales avant d'alimenter, sitôt novembre et durant l'hiver, la panse ventrue des cuves d'alambics*.

Vendanges mécaniques.

Pressoir horizontal moderne.

ADRESSES

COMITÉ RÉGIONAL DU TOURISME
2, rue Sainte-Opportune
86002 Poitiers
tél : 05 49 88 38 94

COMITÉ DÉPARTEMENTAL DU TOURISME (CHARENTE)
Place de la gare
16000 Angoulême
tél : 05 45 92 27 57

COMITÉ DÉPARTEMENTAL DU TOURISME (CHARENTE MARITIME)
11 bis, rue des Augustins
17000 La Rochelle
tél : 05 46 41 43 33

OFFICE DU TOURISME DE COGNAC
14, rue du 14 juillet
16100 Cognac
tél : 05 45 82 10 71

MUSÉE DE COGNAC
46, boulevard Denfert-Rochereau
16100 Cognac
tél : 05 45 32 07 27

BUREAU NATIONAL INTERPROFESSIONNEL DU COGNAC
23, allées du Champ de Mars
16100 Cognac
tél : 05 45 35 60 00
fax : 05 45 82 86 54

LES QUAIS HENNESSY
1, rue de la Richonne
(bâtiment Wilmotte)
16101 Cognac Cedex
tél : 05 45 35 72 72

CONSEIL GÉNÉRAL DE CHARENTE-MARITIME
85, boulevard
de la République
17076 La Rochelle Cedex 9
tél : 05 46 317 000
fax : 05 46 31 17 17

COMITÉ NATIONAL DU PINEAU DES CHARENTES
112, avenue Victor Hugo
16100 Cognac
tél : 05 45 32 09 27
fax : 05 45 35 42 25

UNIVERSITÉ INTERNATIONALE DES EAUX-DE-VIE ET BOISSONS SPIRITUEUSES
Centre universitaire de
la Charente - Site de Segonzac
97, rue Gaston Briand
16130 Segonzac
tél. 05 45 83 35 35
fax. 05 45 83 31 72

INSTITUT RURAL D'ÉDUCATION ET D'ORIENTATION DES CHARENTES (I.R.E.O.)
16370 Cherves-Richemont
tél : 05 45 83 16 49
fax : 05 45 83 17 30

CHAMBRE D'AGRICULTURE DE LA CHARENTE
Z.E. Ma Campagne
16000 Angoulême
tél : 05 45 24 49 49
fax : 05 45 24 49 99

CHAMBRE D'AGRICULTURE DE LA CHARENTE-MARITIME
2, avenue Fétilly
17000 La Rochelle
tél : 05 46 50 45 00
fax : 05 46 34 17 64

CCI D'ANGOULÊME
27, place Bouillaud
16021 Angoulême Cedex
tél : 05 45 20 55 55
fax : 05 45 20 55 50

CCI DE COGNAC
23, rue du Port
BP 77
16103 Cognac Cedex
tél : 05 45 36 32 32
fax : 05 45 36 32 28

CHAMBRE DE MÉTIERS DE LA CHARENTE
68, avenue de Gambetta
16021 Angoulême Cedex
tél : 05 45 90 47 00
fax : 05 45 90 47 29

LEXICOLOGIE DE L'APPELLATION D'ORIGINE CONTROLÉE COGNAC

Cognac
Fine Cognac
Eau-de-vie de Cognac
Eau-de-vie des Charentes
Grande Champagne ou Grande Fine Champagne : eaux-de-vie 100 % Grande Champagne
Petite Champagne ou Petite Fine Champagne : eaux-de-vie 100 % Petite Champagne
Fine Champagne : assemblage d'eaux-de-vie Grande et Petite Champagne avec un minimum de 50 % Grande Champagne
Borderies ou Fines Borderies : eaux-de-vie 100 % Borderies
Fins Bois ou Fine Fins Bois : eaux-de-vie 100 % Fins Bois
Bons Bois ou Fine Bons Bois : eaux-de-vie 100 % Bons Bois

LES VENDANGES EN CHIFFRES

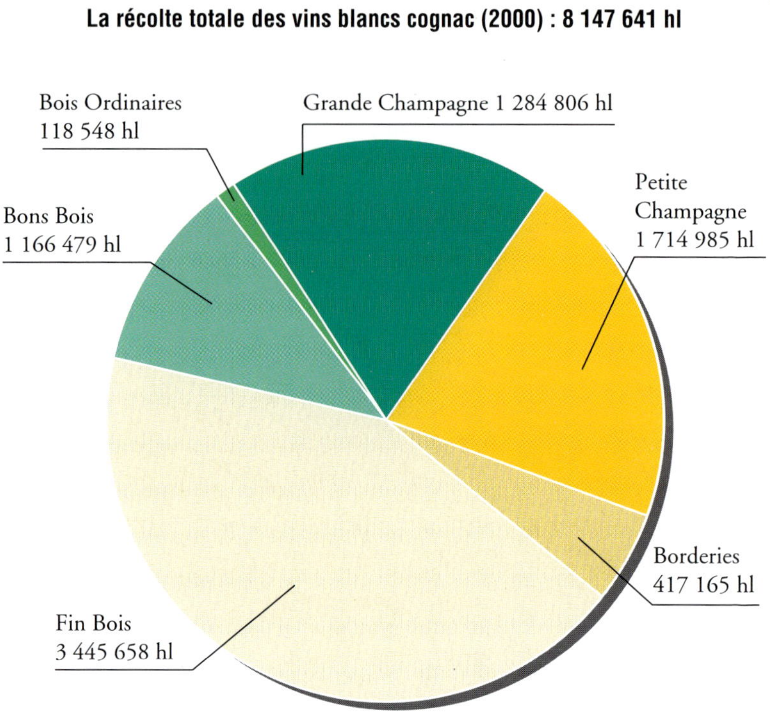

LA DISTILLATION DU COGNAC EN QUELQUES CHIFFRES

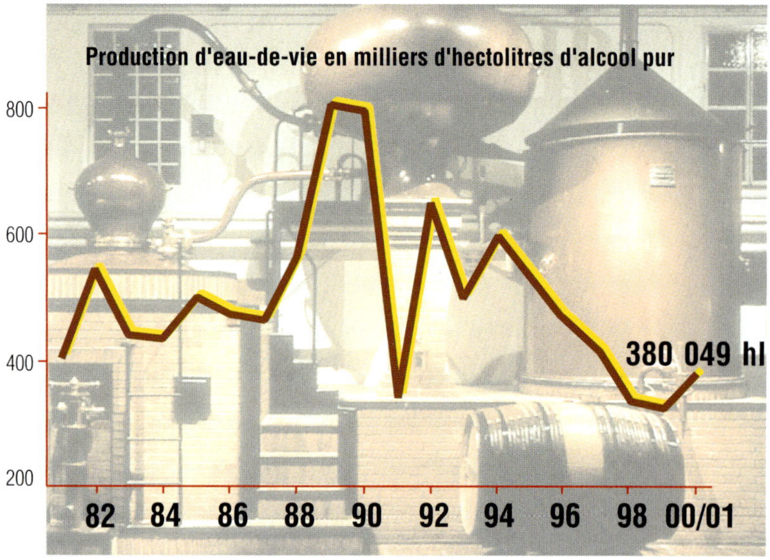

SÉLECTION DE MARQUES ET PRODUCTEURS DE COGNAC

NOMS	PRODUITS
L'ABBAYE (Les raisins de) 17, chemin de l'Abbaye 17400 ASNIÈRES-LA-GIRAUD	V.S., V.S.O.P., Vieille Réserve
Philippe et Claude-Marie ARRIVÉ L'Augerie 17240 CHAMPAGNOLLES	Cognac cru Bons Bois, Trois étoiles, Galon Bleu, Troisième Millénaire
Jean-Yves AUDEBERT-VALTAUD Le Bois de Vaux 16170 VAUX-ROUILLAC	Trois étoiles, V.S.O.P., Vieille Réserve, X.O.
AUGIER ROBIN BRIAND & C° 36, rue Gabriel Jaulin 16102 COGNAC Cedex	Classique, V.S.O.P. Champagne
Jean BALLUET 1, rue des Ardillères 17490 NEUVICQ-LE-CHÂTEAU	Fine cognac, Très vieille réserve
BANCHEREAU Puits Mesnard 16120 ÉRAVILLE	Napoléon, X.O. Extra Old
BARBEAU et Fils Les Vignes 17160 SONNAC	Fine cognac Trois étoile, Vieille Réserve, Très vieux cognac
Veuve BARON et Fils Logis de Brissac 16370 CHERVES-RICHEMONT	V.S.O.P., Napoléon, Hors d'Âge
Paul BEAU 18, rue Millardet 16130 SEGONZAC	Grande Champagne V.S.O.P., Hors d'Âge, Extra Vieille
BISQUIT (Renault-Bisquit) Domaine des Lignières 16170 COGNAC Cedex	Classique, V.S.O.P. Fine Champagne, Napoléon Fine Champagne
Domaine de BEAULIEU 16300 LAMÉRAC	V.S.O.P., X.O., Old Vintage Magnum X.O.
Yves BEAUMONT Chai Marronnier 17130 ROUFFIGNAC	Bons Bois
Bernard BÉGAUD La Métairie de la Barre 17770 VILLARS-LES-BOIS	Spécial Tonic, Sélection, Mes 20 ans, Prince Noir, Grand-Père Gabriel

SÉLECTION DE MARQUES ET PRODUCTEURS DE COGNAC

BEL ANGE 2, rue du Foyer Meussac 17800 ÉCHEBRUNE	V.S., X.O., Extra
Raymond BELLEBEAU 2, rue de l'ouche gué Les Brousses 17490 NEUVICQ-LE-CHÂTEAU	Fine cognac Trois étoiles, V.S.O.P., Vieille Réserve
Alain BLANCHARD Lasdoux 16120 ANGEAC-CHARENTE	Long Drink, Petite Champagne : V.S.O.P., X.O.
Claude BOISSELET 17260 GIVREZAC	V.S.O.P., X.O., Eden, Millénium
BOULE et FILS La Verrerie 17150 BOISREDON	Cordifolin, Trois étoiles, V.S.O.P., Napoléon, X.O.
Daniel BOUFFARD Chez Bouchet 17520 SAINTE-LHEURINE	Cognac pour apéritif Cognac pour café charentais
BOUJU (Daniel Bouju) Saint-Preuil 16130 SEGONZAC	Grande Champagne Empereur, Extra, Très vieux brut de fût, Cuisine
Pierre BOULLMER 19, rue du Palais 16100 COGNAC	V.S., V.S.O.P., X.O., Grande Champagne 1er grand cru
Louis BOURON (Château de la Grange) 189, avenue de Jarnac 17416 SAINT-JEAN-d'ANGÉLY	Trois étoiles, Prestige, Blason d'Or, X.O., Très Vieille Réserve
BRANCHAUD La Gasconnière 17500 OZILLAC	V.S., V.S.O.P., X.O.
BRILLET (Jean-Louis Brillet) Les Aireaux 16120 GRAVES	Réserve, Très vieille réserve, Grande et Petite Champagne
Joan BRISSON 7, rue de Saint-Hérie 17160 MATHA	Long Drink, Trois étoiles

SÉLECTION DE MARQUES ET PRODUCTEURS DE COGNAC

Freddy BRUN Chez Babœuf 16300 BARRET	Petite Champagne : V.S.O.P., X.O.
Guy BRUNETAUX Chez Filhon 16300 MONTCHAUDE	Fine Petite Champagne (61°)
CAMUS 29, rue Marguerite de Navarre BP 19 16100 COGNAC	Grand V.S.O.P., Napoléon Vieille Réserve, X.O., Extra, Borderies X.O.
CHABANNEAU (C.G.E.V.F.) 29, rue Marguerite de Navarre 16100 COGNAC	V.S., V.S.O.P., Napoléon, X.O.
CHABASSE 47, rue Élysée Loustalot 17412 SAINT-JEAN	V.S.O.P. Napoléon, X.O., X.O. Impérial, Baccarat
Alain CHADUTAUD Bourras 16200 MÉRIGNAC	Cognac pour aromatiser et flamber vos meilleures recettes
Bertrand CHADUTAUD Route de Fleurac 16200 MÉRIGNAC	Trois étoiles, V.S.O.P., X.O.
CHAINIER Dominique et Fils La Barde Fagnouse 17520 ARTHENAC	Petite Champagne Fine Champagne, X.O., Grande Champagne
CHAPELLE SONNEVILLE Chantecaille 16130 LIGNIÈRES-SONNEVILLE	V.S., V.S.O.P., Napoléon, X.O.
CHÂTEAU DE BEAULON 25, rue Saint-Vincent 17240 SAINT-DIZANT-DU-GUA	Cognac Rare sélections 1904-1907-1914
COUILLAUD (EARL Les Côteaux de Montignac) 3, route de Fontgrand 17800 BOUGNEAU	Le Brûlot Charentais (60°) Long Drink, Trois étoiles, X.O., Réserve
Rémy COUILLEBAUD GAEC du Maine Ormeau – Le Cluzeau 16290 MOULIDARS	Trois étoiles, V.S.O.P., Napoléon, Vieille réserve

SÉLECTION DE MARQUES ET PRODUCTEURS DE COGNAC

COUPRIE SARL La Roumade 16300 AMBLEVILLE	Séléction du Domaine, V.S.O.P., Napoléon, X.O., Hors d'Âge
COURVOISIER S.A. 2, place du Château 16200 JARNAC	V.S., V.S.O.P. Fine Champagne, Napoléon, X.O. Impérial, Initiale Extra, Erté n° 7
CROIZET (Cognac Pierre Croizet) Lantin 16200 TRIAC-LAUTRAIT	V.S.O.P., X.O., Napoléon, Carafe, Cristal, Cognacs millésimés
Jean Claude DANJOU Allée des Vieux Peupliers - Goux 17800 PÉRIGNAC	Cognac non-dénaturé pour préparations culinaires
DELAMAIN 7, rue J. & R. Delamain 16200 JARNAC	Pale & Dry, Vesper, Très Vénérable, Réserve de la Famille, Cognacs millésimés
Jacques DENIS Les Pouges 16130 SAINT-PREUIL	V.S.O.P. Premier cru X.O., Extra Grande Champagne, Tonic Saveur
Jean Claude DHIERSAT Le Breuil 16170 ROUILLAC	Trois étoiles, V.S.O.P., Napoléon, Très Vieille Réserve
MAISON A.E. DOR 4, bis rue Jacques Moreau 16200 JARNAC	Sélection, V.S.O.P., Napoléon, Vieille Fine Champagne, X.O.
DUPUY BACHE GABRIELSEN 32, rue de Boston 16100 COGNAC	Trois Étoiles, X.O., Fine Champagne, Hors d'Âge
FILLIOUX Fils La Pouyade 16130 JUILLAC-LE-COQ	La Pouyade, Cep d'Or et Golf X.O. Impérial, Cigare Club, Réserve familiale
LA FINE GOULE Pimbert 17520 ARTHENAC	V.S.O.P., Napoléon, Réserve, Hors d'Âge, Très Vieux
FORGERON Michel Chez Richon 16130 SEGONZAC	Trois Étoiles, V.S.O.P., Vieille Réserve, Hors d'Âge, Flambant
P. FRAPIN & C° Rue Pierre Frapin 16130 SEGONZAC	V.S. Luxe, V.S.O.P., VIP X.O., Château Fontpinot, Extra, Millésime 1983, Rabelais

SÉLECTION DE MARQUES ET PRODUCTEURS DE COGNAC

A. de FUSIGNY 232, place Jean Monnet 16200 JARNAC	Sélection, V.S.O.P., X.O., Ebony, Cigare Blend, Fine Champagne, Très Vieille Grande Champagne
F. GACON 17160 LES TOUCHES-DE-PÉRIGNY	V.S., Trois étoiles, V.S.O.P., Napoléon, X.O.
Jules GAUFRET (UNICOGNAC) Route de Cognac 17500 JONZAC	Trois étoiles, V.S.O.P., 10 ans, X.O., 2000, Ona, Gastronomie
Henri GEFFARD La Chambre 16130 VERRIÈRES	Trois étoiles, V.S.O.P., Vieille Réserve, Très Vieux
François GIBOIN L'Hermitage 16370 CHERVES-RICHEMONT	Sélection V.S., V.S.O.P., Réserve de l'Hermitage, Napoléon, X.O. Royal
Paul GIRAUD et Fils Le Bourg 16120 BOUTEVILLE	V.S.O.P. Premier cru de cognac Napoléon Grande Champagne, Vieille Réserve X.O., Très Rare
GODET Frères 1, rue du Duc 17000 LA ROCHELLE	Trois étoiles ou V.S., V.S.O.P., Napoléon, X.O.
GOURRY DE CHADEVILLE 16130 SEGONZAC	Grande Fine Champage, X.O., Très Vieux
GRÉGOR 47, rue Aliénor d'Aquitaine 17610 CHANIERS	Vieille Réserve, X.O., Hors d'Âge
L. & M. GRIMAUD 4, rue de Port Boutiers 16100 BOUTIERS-SAINT-TROJAN	Gold Sensation, V.S. Élégance, V.S.O.P. Qualité Rare, X.O., Créature et Très Vieille Réserve
GUERBÉ & Cie Hameau de l'Échalotte 16130 JUILLAC-LE-COQ	Pub Blend, V.S. Grande Champagne, Napoléon, Grande Champagne, Rare Réserve, X.O.
HENNESSY 1, rue de la Richonne 16100 Cognac	PURE WHITE, V.S., V.S.O.P., Fine de Cognac, X.O. Private Reserve, Paradis Extra, Richard Hennessy, Timeless.

SÉLECTION DE MARQUES ET PRODUCTEURS DE COGNAC

Thomas HINE & CO 16, quai de l'Orangerie 16200 JARNAC	Rare & Delicate, Antique Triomphe, Family Reserve, Millésimés
JLF (EARL du CHAIL) Chez Dexmier 16130 ARS	Drinker (pour long drink), V.S. Séduction, V.S.O.P.
Philippe LACLIE 3, chemin des Noyers 17770 BERCLOUX	V.S., V.S.O.P., Vieille Réserve, X.O. Laclie
Alain LADRAT Malbrac 16200 JARNAC	Réserve, Napoléon X.O.
Jean- Pierre LAMBERT Place du Champ de Foire 16370 CHERVES-RICHEMONT	Cognac des Borderies Trois étoiles et V.S.O.P., Réserve, Vieille Réserve
Rémi LANDIER Cors 16200 FOUSSIGNAC	V.S. Trois étoiles, Sélection, V.S.O.P., Napoléon, X.O., Vieille Réserve, Extra
Henri de LOTHERIE Beauregard 16130 JUILLAC-LE-COQ	Grande Champagne : Cognac « O » Long Drink, Vieille Réserve, X.O.
MAINE-GIRAUD 16250 CHAMPAGNE-VIGNY	Trois étoiles, V.S.O.P., Vieille Réserve
Simone MARCADIER Le Pible 16130 SEGONZAC	V.S. Spécial Long Drink V.S.O.P., Napoléon, X.O., Vieille Réserve
Patrice MARCHAND Les Moulineaux 17150 ST-BONNET-SUR-GIRONDE	Trois étoiles, V.S.O.P., X.O., Napoléon
MARNIER, LAPOSTOLLE 16200 BOURG-CHARENTE	V.S., V.S.O.P., X.O.
Maison MARTELL & C° 7, place Édouard Martell 16100 COGNAC	V.S., V.S.O.P., Noblige, Napoléon Special Reserve, Cordon Bleu, X.O. Suprème
J.P. MENARD & FILS 2, rue de la Cure 16720 ST-MÊME-LES-CARRIÈRES	Sélection des Domaines, V.S.O.P., Napoléon, Réserve X.O., Ancestrale

SÉLECTION DE MARQUES ET PRODUCTEURS DE COGNAC

MENUET (EUROCOGNAC) La Tonnelle 16720 ST-MÊME-LES-CARRIÈRES	V.S.O.P., 10 ans d'Âge, X.O., Extra
Laurent MERLIN Chez Pineau 17520 ARTHENAC	Fine Petite Champagne
Claude et Jeanine MOULIN 6, rue des Vallées 17490 MACQUEVILLE	Sélection, V.S.O.P., Napoléon, Vieille Réserve, X.O.
Jacques ORDONNEAU Domaine de la Grolette 16370 CHERVES-RICHEMONT	V.S. des Borderies, V.S.O.P. des Borderies Très Vieille Réserve
OTARD Château de Cognac 127, boulevard Denfert-Rochereau 16100 COGNAC	V.S., V.S.O.P., Napoléon, X.O. Gold, Otard 55, Otard 1795
Jean PAYNAUD (SARL Du Peux) Les Gauthiers 16120 BOUTEVILLE	Premier cru de cognac : Sélection, Napoléon, Vieille Réserve
Dominique PERRAUD Chez Barrand 17500 CHAMPAGNAC	Cognac Long Drink
André PETIT et Fils Le Bourg 16480 BERNEUIL	Trois étoiles, V.S.O.P., Vieille Réserve Napoléon, Très rare X.O., Hors d'Âge
François PEYROT Marancheville 16200 GONDEVILLE	Trois étoiles, Napoléon, X.O., Héritage
FRÉDÉRIC PIERRE Les Grands Champs 16130 SEGONZAC	V.S., V.S.O.P., Extra, Vieille Réserve, X.O.
Distillerie du PEYRAT 4, impasse des Alambics Le Peyrat 16200 HOULETTE	V.S. (tonic), V.S.O.P., EXTRA
François PEYROT Marancheville 16200 GONDEVILLE	Trois étoiles, Napoléon, X.O., Héritage

SÉLECTION DE MARQUES ET PRODUCTEURS DE COGNAC

PLANAT (CGEVF) 29, rue Marguerite de Navarre 16100 COGNAC	V.S., V.S.O.P., Napoléon, X.O.
Domaine du PLANTIS 36, rue du Plantis 17160 COURCERAC	Long Drink, V.S.O.P., Napoléon, X.O.
Félix POUSSARD Le Petit Essart 16100 JAVREZAC	Sélection Trois étoiles, V.S.O.P. Borderies, Fine Napoléon
Prince de DIDONNE Vignerons Côtes de Saintonge Château de Didonne 17120 SEMUSSAC	Trois étoiles, V.S.O.P., Napoléon, X.O.
Prince HUBERT de POLIGNAC Henri MOUNIER 49, rue Lohmeyer 16100 COGNAC	Trois étoiles, V.S.O.P.
PRUNIER Henri MOUNIER 49, rue Lohmeyer 16102 COGNAC Cedex	V.S., V.S.O.P., Family Reserve 20 Years Old X.O. Très Vieille Grande Champagne
Raymond RAGNAUD Le Château 16300 AMBLEVILLE	Réserve Grande Champagne, Sélection, Héritage, Très Vieille Grande Champagne, Hors d'Âge, Extra Vieux (X.O.)
RAGNAUD - SABOURIN La Voûte 16300 AMBLEVILLE	Alliance Grande Champagne n° 4 GC, n° 10 V.S.O.P., n° 20 Réserve Spéciale, X.O.
RÉMY MARTIN & C° 20, rue de la société vinicole 16100 COGNAC	V.S.O.P., X.O., Extra, Louis XIII
RÉNIER (Cognac Charpentron) Le Clos de Mérienne 16700 GONDEVILLE	V.S.O.P., Napoléon, X.O., Hors d'Âge
Gyl RICHARD 5, rue de la rente - Figers 17800 ÉCHEBRUNE	V.S., V.S.O.P., X.O., Extra
ROULLET & FILS Le Goulet 16200 FOUSSIGNAC	V.S., V.S.O.P. Réserve, Vieille Réserve Napoléon, Extra Grande Champagne

SÉLECTION DE MARQUES ET PRODUCTEURS DE COGNAC

RUMEAU et Fils Domaine Les « Quillets » 16250 CHAMPAGNE-VIGNY	Trois étoiles, V.S.O.P., Napoléon, X.O.
SEGUINOT & Cie La Nérolle 16130 SEGONZAC	V.S.O.P., X.O., Âge Inconnu Héritage
Guy TESTAUD 16300 LAMÉRAC	V.S.O.P., Napoléon, X.O., Héritage, Excellence, 1973
Henriette THOMAS Rue Maurice Sellal 16100 ST-LAURENT-DE-COGNAC	Cognac pour apéritif, V.S.O.P.
Claude THORIN Chez Boujut 16200 MAINXE	Séduction, V.S.O.P., Napoléon, X.O., Héritage, Princeps, X.O. Royal
Château de la TILLADE 17260 ST-SIMON-DE-PELLOUAILLE	V.S., V.S.O.P., X.O.
Jean VALLADE 37, route des Charmilles 17520 BRIE-SOUS-ARCHIAC	V.S. Sélection, V.S.O.P., Napoléon
Jean-Marie VALLAEYS Rippe 17270 MONTGUYON	Trois étoiles « Apéro » Trois étoiles, V.S.O.P., Extra Vieux
VALLEIN TERCINIER Domaine des Forges 17460 CHERMIGNAC	Sélection, V.S.O.P., Napoléon, Grande Champagne, Petite Champagne, Fins Bois, Bons Bois, Hors d'Âge, Millénaire
Bernard VAUDON Villars-Marange 16200 JARNAC	V.S., V.S.O.P., Napoléon
du VÉRON Place de l'Eglise 16370 MESNAC	V.S., X.O. Perle d'Or, X.O. Collection Privilège, X.O. Vieille Réserve
François VOYER Le Maine-Verret 16130 VERRIÈRES	V.S.O.P., Napoléon, X.O., Extra

Les adresses de cette liste non-exhaustive sont issues du site internet du Bureau National Interprofessionnel du cognac – www.bnic.fr – ; les entreprises retenues l'ont été pour la diversité de leur gamme, l'originalité de leurs produits et l'ampleur des informations fournies sur le site. Malgré le soin mis à les reproduire, l'auteur ou l'éditeur ne sauraient être tenus responsables pour d'éventuelles omissions ou erreurs de transcription les concernant.

BIBLIOGRAPHIE SÉLECTIVE

Thomas Laurenceau, *Rémy Martin, l'Esprit du Cognac*, E.P.A., 1991.

Barbin-Lecrevisse, *La Cuisine du Cognac*, L'Hydre, Édition du losange, 2000.

Barbin-Lecrevisse, *La Cuisine du Pineau*, L'Hydre, Édition du losange, 2000.

André Bursin, *Alcools du Monde de A à Z*, Grancher, 2001.

Jean-Louis Neveu, *Eau-de-vie et Bouilleurs*, Geste, 1999.

Gordon Brown, *L'Art des Alcools à travers le Monde*, Hachette, 1996.

Gilbert Delos et Matthieu Prier, *Les Alcools du Monde*, Hatier, 1993.

Henry Mac Nulty, *Vogue Cocktails*, Flammarion, 1984.

Ouvrage du Cercle philatelique de Cognac, *Cognac*, A. Sutton, 1999.

Max Cointreau, *La crise du Cognac*, L'Harmattan, 1985.

Patrick Dussert-Gerber, *Guide Dussert-Gerber des vins de France 2000*, Albin Michel, 1999.

Marylise Ortiz, *Les chemins du Pineau des Charentes : 8 circuits touristiques pour découvrir la région du Pineau des Charentes*, Patrimoine et médias, 1995.

Crédits iconographiques : BNIC 20h, 32b, 34h, 38h, 38-39b, 39h, 41h, 42, 57h, 59h, 62, 64h, 78hd, 78b, 92, 100, 106-107b, 108 ; BNIC/Thierry Blay 48 ; BNIC/Jean-Yves Boyer 22b, 29b, 35h, 45b, 69b, 99bg ; BNIC/Burdin 44b, 44, 45, 52 ; BNIC/J Clavel 30 ; BNIC/Alain Danvers 54-55, 65b, 103h, 105h ; BNIC/Stéphane Graciès 89 ; BNIC/Paul Heidelberg 60 ; BNIC/Jean-François Poussard 1, 23h, 70b, 82, 91b, 99bd ; BNIC/Livio Senigaliesi 98 ; BNIC/Jean Daniel Sudres 4-5 ; BNIC/Bernard Verrax 10, 13h, 16h, 21h, 21b, 22h, 34-35b, 36, 37h, 51h, 57b, 59b, 66b, 70h, 77b, 87, 88, 90-91h, 94-95b, 104-105b ; Comité National du Pineau des Charentes 80, 85b ; Burdin – CNPC 2b, 81, 4ème de couverture bas ; Documents Les Cours : 74b, 83, 84h ; coll. Jas Hennessy & C°/ coll. historique 12, 14, 15h, 17, 20b, 40-41b, 63, 73, 96, 97, 101; Hennessy & C°/Mirco Braccini 2h, 2m, 18, 19, 26, 27, 32-33h, 49, 50, 56, 61, 68, 69h, 99h ; Hennessy & C°/Peter Knaup 93 ; Hennessy & C°/ Guy Knowell 11b ; Hennessy & C°/Les Ateliers Martron 29h, 33b, 37b, 43h, 53h, 53b, 66-67h, 84b, 85h, 102, 103b 110b (photo), couverture ; Hennessy & C°/Dominique Ravelo 6, 7h, 7b, 8h, 8b, 9h, 9b, 13b, 15b, 16m, 28, 31, 46, 51b, 58, 67b, 74h, 75, 76, 76-77h, 79h, 79b, 86, 95h, 106h, 107h, 4ème de couverture haut et milieu ; Nicolas 25b, 65h, 78hg.
Tableaux et Cartes : BNIC 43b, 47, 71h, 71b, 95b, 110h, 110b (graphique) rabats de couverture/ Éditions Larmat : 23b, 24, 25h, 64b.

L'auteur et l'éditeur remercient la société Hennessy pour ses informations et documents,
le Bureau National Interprofessionnel du Cognac (BNIC),
le Comité National du Pineau des Charentes
et la société Nicolas pour leur aimable participation.

Réalisation : LES COURS - Caen
sous la direction de Christian Pessey
Collaboration rédactionnelle : André Canivet
Mise en page et PAO : Anne Gaubert, Alain Neuville
Composition et photogravure : LES COURS - Caen
Secrétariat d'édition, relecture : Anne Laurence
Couverture imprimée par Pollina s.a., Luçon
Achevé d'imprimer et broché en mai 2002 par Pollina s.a., Luçon

ISBN : 2-08010793-3
ISSN : 1258-2794
N° d'édition : FA 0793-01
N° d'impression : L85115
Dépôt légal : juin 2002

Imprimé en France